리바이블
RE:BIBLE

하나님의 5가지 질서가 담긴 성경 이야기

박양배 지음

성경에 담겨있는 하나님의 질서에 관한 놀라운 책, 「리바이블」을 기쁨으로 추천합니다. 열정 없이 교회를 오가던 저자가 어느 날 말씀에 붙잡혀 깊은 묵상과 성실한 연구를 통해 출판한 이 책을 읽을수록 감동받습니다. 꼼꼼한 연구와 숙성된 묵상, 그리고 무엇보다 진실한 고백적 서술이 빛나는 책입니다. 성경이 어떤 내용을 담고 있는지, 하나님은 어떤 분인지, 그리고 우리는 어떤 삶을 살아야 하는지 알기 원한다면 본서를 꼭 정독하기를 추천합니다.
이 책을 통해 더 많은 분이 성경 속에 담긴 하나님의 놀라운 뜻과 그분의 그침 없는 사랑을 깨달을 수 있기를 기대해 봅니다.

– 권호 (합동신학대학원대학교 설교학 교수)

"나무보다는 숲을 보라"는 말이 있습니다. 이 말은 성경 공부에도 그대로 적용됩니다. 눈에 보이는 디테일도 중요하지만, 각 성경의 전체를 관통하는 흐름을 입체적으로 볼 수 있는 거시적 안목을 우선 갖는 것이 중요합니다. 박양배 집사님의 「리바이블」은 바로 이런 안목을 길러주는 뛰어난 지침서입니다.
이 책은 단편적인 성경 공부에 너무 익숙해서 성경 전체 흐름과 문맥을 파악하지 못하는 분들에게 성경을 통째로 볼 수 있는 귀한 통찰력을 제공할 것입니다. 저자가 바쁜 직장생활 가운데에서도 성경을 연구하면서 깨달은 내용들을 잘 정리하여 좋은 양서를 내게 됨을 기쁘게 생각합니다.

– 이상인 (봉일천교회 담임목사)

질서라는 측면에서 책을 낸다는 것이 가히 놀랄만하고 하나의 맥으로 평신도 관점에서 쉽게 성경을 이해할 수 있도록 한 것은 큰 장점입니다. 대다수 목회자나 신학자들이 더 많은 설명을 해야 이해할 수 있다고 도리어 책을 어렵게 쓰는데 말입니다.

평신도들에게 아주 쉽게 성경 전체를 다루어야 할 중요한 교리들까지 삶의 적용으로 풀어내어 성경을 어렵게 생각하는 사람에게 큰 도움이 될 것입니다.

- 정영협 (대성교회 담임목사)

'예수는 역사다'의 저자인 리스트로벨의 글에는 의구심을 넘어선 이의 자신감 어린 시선이 있습니다. C.S.루이스의 신학 서적은 기독교 세계관 속에서 익숙하게 살아온 사람들의 정석 같은 표현이 아닌, 세계관 자체를 헤집어 탐구하던 이가 다시 재구성한 단단한 질서가 느껴집니다.

이 책의 저자가 쓴 몇 권의 책을 보면 성경이 초대하는 의문들을 피해 돌아가지 않고, 질문의 골짜기를 믿음이란 널판지를 대고 어물쩍 넘어 지나치지 않는 집요함이 있습니다. 신앙에 대한 의구심과 집요한 탐구의 과정을 지나온 저자의 여정을 곁에서 잠시 함께하는 동안, 머잖아 자신의 시선과 길을 찾게 될 것을 기대했는데, 결국'질서'라는 단단하고 견고한 단어를 성경에서 끌어낸 것을 보며 감사와 찬사를 보내게 됩니다. 성서의 시작부터 끝까지 여러 차례 되돌아 두드려 걸으며, 하나님의 질서를 발견한 그 여정의 기록이 신앙 생활하는 모든 분께 도움 될 것을 기대합니다.

- 안성섭 (비호교회 담임목사)

성경을 보는 다양한 관점을 통해 성도들은 하나님의 뜻을 발견하게 되는데, 저자는 “하나님의 질서”라는 독특하고 독창적인 시각을 통해 성경의 틀을 제공한다. 저자가 인고의 과정을 통해 발견한 놀라운 성경적 진리의 틀이라 할 수 있다.

이 책은 초신자에게는 성경의 틀을 잡아주고, 믿음이 성숙한 성도에게는 성경에 대한 깊고 심오한 교훈을 안겨줄 것이다. 나아가 이 책이 제시하는 방법으로 성경을 읽는다면, 하나님의 질서 안에 세상이 있고 내가 있음을 깨닫게 될 것이다.

- 김정민 (화평교회 담임목사)

‘조곤조곤’, 이 책을 읽을 때 드는 느낌입니다. 마음이 따뜻한 한 아저씨가 성경에 대해서 낮은 목소리로 차분하게, 그리고 쉽게 옆에서 이야기해 주는 것 같습니다. 장 하나를 넘길 때마다 잔잔한 파도가 서서히 밀려오듯 성경의 내용이 조금씩 눈에 들어옵니다. 하나님의 질서를 염두에 두고 이 글을 집필해서인지, 책의 내용 역시 짜임새 있고 정리가 잘된 성경 해설서, 개론서와 같은 느낌이 듭니다. 장이 끝날 때마다 집필자의 묵상이 담긴 정리된 글은 성경을 좀 더 깊이 묵상할 수 있도록 도와줍니다. 이 책을 효과적으로 읽을 또 하나의 재미는 책의 내용이 성경에서 어느 곳을 말씀하고 있는지 찾아보는 것입니다. 그동안 어렵게만 느껴졌던 구절들이 훨씬 더 생생하게 다가올 것입니다. 진정한 기쁨과 행복을 누리고 싶은 사람들에게 성경 읽기를 권하고 바라기는 이 책이 개인에게는 성경 읽기의 즐거움을 선사하고, 나아가 소그룹이 함께 읽으며 말씀 나눔의 기쁨을 깨닫는 통로가 되기를 기대합니다.

- 주금일 (숭의초등학교 목사)

성경은 하나님을 향한 신앙의 길잡이라고 누구나 얘기합니다.

하지만 성경을 제대로 읽고 배우고 자기 신앙의 나침반으로 삼는 사람은 매우 드뭅니다. 이 책은 박양배의 성경을 읽은 역사이고 증언이며 신앙고백입니다. 그리스도인으로서 참 복된 고백입니다.

이 책을 읽는 분들께 깊은 울림이 있기를 기도합니다.

- 김원이 (더불어민주당 국회의원)

천지를 창조하신 하나님의 말씀은 인생의 신호등입니다. 말씀이 마음의 중심에 있으면 수많은 인생의 굴곡을 지혜롭게 넘길 수 있습니다. 「리바이블」은 하나님 말씀의 소중함을 우리에게 일깨워 주고, 느슨해져 있던 우리 일상을 되돌아 보게 하는 소중한 책입니다. 책을 읽는 소중한 시간을 통해 그리스도를 사랑하고 한 몸이 된 신자의 삶을 회복하시기를 기도합니다.

- 이영봉 (경기도의회 의원)

성경이 어렵고 난해하여 몇 페이지 읽다 포기하는 경우가 있는데 저자의 책을 통해 전체 맥락을 이해할 수 있어 성경에 접근하는데 도움이 되는 책이라 할 수 있습니다.

- 전주수 (단국대학교 행정학 교수)

인공지능 시대 우리는 성경을 통하여 우리가 잃어버리고 살았던 하나님의 질서를 생각합니다. 이 책은 성경의 각 권을 한눈에 볼 수 있게 하여 성경에 대한 거부감을 덜어주고 누구나 성경을 이해하는데 도움이 될 것이라 확신합니다.

- 장진욱 (농협대학교 디지털경영과 교수)

성경을 읽고 그 안에 담긴 뜻이 무엇인지 찾아본다는 것은 매우 어려운 일입니다. 남들이 읽는다고 막연히 따라가다 보면 언젠가 알겠지? 라고 생각해서 펼친 순간 후회가 물밀듯 몰려오죠. 처음 듣는 단어와 그들의 생활방식을 잘 모르기 때문입니다. 그러다 보면 처음과는 달리 몇 장 읽다가 제풀에 꺾여 성경을 덮고 맙니다. 저 역시 그랬죠.

그렇게 지내던 중 주변에서 교회 다닌다고 하니까 이런 질문을 합니다. '성경은 다 읽어봤냐?'라고요. 그럴 땐 딱히 할 말이 없어 대충 얼버무리며 넘어갔습니다.

어느 날 교회 다니면서 '이래서 안 되겠다.'라는 마음에 성경을 한 번 통독해 봐야겠다는 마음에 읽기 시작했습니다. 그렇게 읽다 보니 문제는 자꾸 질문이 생긴다는 것이죠.

스스로 던진 질문에 답을 찾으려다 보니 목사님과 대화하게 되고, 한번 읽어보겠다던 성경은 의도치 않게 몇 번 읽게 되었죠. 급기야 성경만으로 이해하기가 어려워 주석까지 찾아보며 숨은 뜻을 알기 위한 긴 여행을 하게 되었습니다.

그렇게 2년의 세월을 보내니 성경이 눈에 들어오면서 나름대로 말씀을 정리하기 시작했습니다. 처음에는 성경을 요약해 보고, 두 번째는 성경을 통해 알게 된 질문에 대한 답을 스스로 찾게 되었죠. 이렇게 답을 찾는 동안 깨달은 사실은 성경은 하나님의 질서가 담겨 있음을 정의하게 되었습니다. 그 과정에서 성경 두 권과 주석을 펼쳐놓고 말씀의 앞뒤 과정을 비교해 보는 수고로움이 있었습니다.

66권으로 구성된 성경은 각기 다른 내용과 시대적 배경을 갖고 있습니다. 그런데 사건의 연관성을 들여다보면 그 안에 질서가 잡혀 있음을 알 수 있습니다. 여기에 대한 힌트는 〈창세기〉 1장 1절과 2절에서 찾았습니다. "태초에 하나님이 천지를 창조하셨다. 땅은 혼돈하였으며 공허함과 흑암의 세상이었다."라는 것에서 말이죠. 무한한 공간에 창조주가 만든 세상... 그 안에 인간이 자연과 함께 살아가고 있는 것은 질서가 없다면 불가능한 것이었습니다. 그 가정을 놓고 성경을 들여다보니 하나님은'다섯 개의 질서'로 세상을 통치하셨음을 깨닫게 되었습니다. 그리고 그 이야기를 정리하면서 여기까지 왔죠. 신에 대한 많은 질문과 고민 앞에 해답은 성경에 있음을 깨닫게 되었습니다.
신학자도 아닌 사람이 정의를 내리기 위해 책을 펴낸 것은 아닙니다. 저처럼 많은 질문이 있는 사람이 성경을 마주할 때 도움이 됐으면 하는 마음에 출간하게 된 것입니다.

예배당에서 박양배

‖ contents ‖

성경을
바라보는 관점

천지와 만물이 다 이루어지니라

(창세기 2:1)

1_ 질서로 이루어진 세상

'만물은 하나님 손에서 창조'

「질서」order란 사전적 의미로 '혼란 없이 순조롭게 이루어지게 하는 사물의 순서나 차례'를 말합니다. 많은 것이 잘 어우러져 어긋남 없이 순리대로 흘러가는 것을 말한다고 할 수 있죠. 「질서」는 우리가 사는 세상에 없어서는 안 될 규칙입니다.
지구를 벗어난 우주cosmos도 그 「질서」안에서 움직이고 있습니다. 모든 행성은 태양을 중심으로 공전하며 행성 간의 일정한 간격으로 부딪침 없이 움직이고 있는 것이죠.
지구의 자전만 봐도 태양과 별의 일주운동으로 낮과 밤 - 동·식물의 성장에 영향 - 을 만듭니다. 만약 지구가 움직이지 않는다면 기후변화로 낮과 밤이 사라져 생명이 존재하는 것은 매우 희박해질 것입니다.

우리 세상도 자연환경처럼 「질서」를 통해 유지되는데, 방법적인 면에서 두 가지가 있습니다. 하나는 인간이 '규칙을 만들어 질서를 유지하는 것'이며 다른 하나는 '환경에 기민하게 반응한다는 것'입니다.

먼저 '규칙을 만들어 질서를 유지하는 것'은 여러 사람이 공감하여 혼란과 불편함을 줄이는 것이라 볼 수 있습니다.
예를 들어 신호등의 색깔에 따라 자동차와 사람이 통행하는 방식만 봐도 알 수 있습니다.
만약 그 기준이 없다면 무질서로 인해 사고를 일으켜 많은 사람의 생명을 앗아가지 않을까요?
또한, 사람 사이의 관계를 바로잡아가는 것이기도 합니다. 이것은 법률·명령·조약 등 성문법을 통해 사회 질서를 유지하는 수단으로 삼아 우리가 살아가고 있죠.
'환경에 기민하게 반응하는 것'은 타인과 어우러져 살기 위해 일정한 규칙으로 환경 - 자연과 인위적으로 만들어진 - 의 변화에 반응하는 것을 말합니다.
예를 들어 지구의 자전 현상으로 생긴 태풍이 오면 우리는 어떻게 피해를 줄이나요? 뉴스나 인터넷을 통해 기상예보를 확인하여 알 수 있죠.
이것은 과학기술을 통한 바다의 상태 - 온도, 바람, 기압 등 - 를 관찰하여 얻어낸 정보로 알아낸 것입니다. 그리고 기상 변화를 감지한 우리는 변화된 환경에 맞는 행동을 하게 됩니다. 비를 피하기 위한 우산을 준비하고 바람에 날릴만한 것은 실내로 들여다 놓죠.
어부와 농부는 어선과 비닐하우스를 단단하게 묶어 떠내려가거나 날아가지 않게 하죠.

「질서」를 통해 순행하는 우리 삶은 두 가지 질서 중 어느 한 가지만 가지고 유지될 수 없습니다. 인위적으로 만들어진 규칙이나 자연환경에 적응하려는 것 모두 삶에 필요하기 때문이죠. 이처럼 우리가 사는 세상은 「질서」없이는 우주·자연·인간 세상 모두 공존하기 어렵습니다.

그럼, 태초에 우주 공간을 포함한 세상 만물은 어떻게 만들어졌을까요? 인위적으로 만든 규칙보다 훨씬 복잡한 구조인데 말이죠. 이 질문에 대한 답을 찾고자 많은 과학자의 연구도 있지만, 신앙인이 내놓을 수 있는 답은 성경에 있습니다.
이 기록은 첫 번째 책인 〈창세기〉에 기록되어 있죠.
여기에는 만물을 창조하는 「하나님의 질서」가 존재하며 하나님의 숨으로 만든 인간의 역사가 담겨 있습니다.
그리고 창조 전 세상이 어떤 구조였는지 하나님이 말씀으로 세상을 설명하며 창조를 시작합니다.

땅이 혼돈하고, 공허하며, 흑암이 깊음 위에 있고(창1:2).

위 말씀을 살펴보면, 혼돈formless은 뒤섞여 있는 상태로 태초의 세상은 무중력 상태의 우주와 같았습니다. 하늘과 땅의 경계도 뚜렷하지 않았을 테죠.
공허empty하다는 것은 실존하고 있는 것이 없음을 뜻하죠. 살면서 마음이 텅 비었을 때 공허하다는 말을 쓰는 것이 아마 이와 같을 것입니다. 그리고 흑암darkness은 말 그대로 어둠뿐인 세계죠. 종합해 보면 〈창세기〉 1장 2절의 문장에서 창세 전에는 무질서함과 아무것도 없는 어두운 세상을 떠올려 볼 수 있습니다.

이런 세상에 하나님이 제일 먼저 하신 일은'빛이 있으라(창 1:3)'라는 말씀이었습니다. 뒤섞인 것을 바로 잡기 위해서는 어두운 세상에 빛을 밝혀 하나님 나라를 디자인해야 했겠죠. 그렇게 빛을 먼저 만드심으로 창조의 첫날이 시작됩니다.
그리고 하늘·땅 · 바다, 많은 생물과 인간을 차례로 만들어 창조의 6일을 완성하시죠.

> 아이가 장수풍뎅이를 키우겠다 해서 곤충 집을 구입해 거실에 두었습니다. 무작정 곤충을 잡아다 곤충 집에 넣고 보니 먹이도 필요하고 살아갈 환경도 조성해야 했습니다. 아이는 먹을 것이 없다며 짜증을 냈습니다. 키우기 전 어떻게 키울 것인지 구상하지 못한 탓이죠.

천지창조는 하나님이 계획하신 순서로 공간이 나뉘고 그 안이 생명으로 채워집니다. 무질서한 공간이 질서 있는 공간으로 자리 잡아가게 된 것이죠.
인간 세상에 대한 질서도 마찬가지입니다. 아담을 창조하시고 인류가 번영하면서 사건과 인물 가운데 세상에 개입 - 심판과 회복 같은 - 하십니다. 그리고 인간의 삶을 주관하심으로 모든 일은 인과因果로 이어지게 됩니다. 이는 성경 전반에 걸쳐 기록되어 있어 쉽게 확인해 볼 수 있습니다.

2_

성경은 하나님의 질서

'계획하신 대로 움직이는 세상'

일반적으로 신앙인에게 하나님은 어떤 분이냐? 는 질문을 하면 사랑 · 은혜의 하나님 등으로 표현합니다. 성경에서 하나님이 인간을 대할 때 그 마음을 나타내시기 때문이죠. 그러나 마음속에 나타나는 관념적 표현보다 성경은 오히려 하나님의 존재가 「질서」로 자리잡혀 있습니다.

이 땅의 통치자로서 일정한 규칙과 계획으로 그 나라와 백성을 다스리고 존재하시기 때문이죠. 그리고 그 계획안에 인간은 살아가며 때론 말씀을 역행해 심판과 회복의 역사를 경험하기도 합니다.

그럼 막연히 성경을 읽는다고 하나님이 어떻게 임재God's Presence 하는지 알 수 있을까요? 그렇지 않습니다. 시대적 상황과 숨은 뜻이 많아 한 번에 정의할 수 없기 때문이죠.

그렇다고 답이 없는 것도 아닙니다. 저자가 다른 성경 66권에 시대 · 상황 · 등장 인물이 부분적으로 일치하는 책을 함께 보면 목적과 의미를 알아챌 수 있습니다.

이를 구분해 보면 다섯 가지 「질서」로 정의할 수 있죠.
첫 번째는 「직접 통치의 질서」입니다. 이 질서는 우리가 흔히 말하는 모세 5경 – 창세기부터 신명기 – 까지 기록을 말합니다. 창조부터 가나안 땅 입성까지 하나님이 기름 부어 준 '제사장'과 율법을 통해 백성을 직접 가르치셨습니다.
하나님의 자녀로서 살아가는 첫걸음마에 직접 동참하심으로 손을 잡고 똑바로 걸을 수 있도록 인도하신 것입니다.
두 번째는 「왕의 질서」입니다. 세월이 흐르면서 인간 세상은 폭력과 지배 구조로 전환점을 맞이합니다. 이때, 이스라엘도 다른 민족처럼 통치자로 왕을 요구하죠. 하나님은 그들의 요구에 맞춰 '왕과 선지자'에게 기름을 부어 주시며 그들을 통해 말씀하시게 됩니다. 말씀을 듣고 행하는 대상을 '제사장'에서 '왕과 선지자'로 바꾸신 것이죠.
세 번째는 「세계의 질서」입니다. 하나님은 타락한 왕과 백성에 대한 심판으로 이스라엘을 멸망시키십니다. 그러나 그때까지 하나님을 믿고 따르는 에스겔과 다니엘 같은 선지자들이 남아있었습니다. 하나님은 이들을 통해 이스라엘의 회복과 열국의 흥망성쇠를 환상으로 보여주며 온 세계가 그 손안에 있음을 깨닫게 합니다.
네 번째는 「구원의 질서」입니다. 하나님은 예수님을 이 땅에 보내 인간을 가르치고 구원의 길을 알게 합니다.
예언자들이 줄 곳 말했던 하나님의 아들이 인간의 몸으로 오셔서 참된 진리로 구원의 길을 열어주신 것이죠.

이 역사적 위대함은 네 개의 복음서를 통해 가르치고 있죠.
다섯 번째는 「영접의 질서」입니다. 예수님 승천 후 그의 제자와 사도는 선교활동으로 세상에 복음을 전합니다.
많은 사람이 예수 그리스도의 가르침을 접하여 구원의 길로 갈 수 있도록 기회를 열어준 것이죠.
이 내용은 복음서와 바울의 서신서를 통해 알 수 있습니다.

하나님은 성경을 통해 우리가 그 나라의 백성임을 말씀하십니다. 그리고 백성을 향해 약속하시고 심판과 회복으로 관계 맺음의 끈을 놓지 않으시죠.
만물을 창조하면서 줄 곳 우리와 함께하며 그 나라의 질서를 잡아가십니다. 부족한 것은 채워주고, 넘치는 것은 덜어냄으로 혼돈과 공허함의 세상을 균형 잡아가십니다.

Part 1
직접 통치의 질서

나는 여호와 너희의 하나님이라

(레위기 11:44)

1_
공간을 채움으로 시작된 세상

'창조의 질서'

성경의 첫 번째 책 〈창세기genesis〉는 하나님이 이 땅을 어떻게 창조하셨는지와 백성에 대해 뿌리를 기록한 책입니다. 여기에는 하나님의 숨으로 만든 인간이 그 나라의 백성으로 살아가도록 주님의 질서를 담아내고 있죠.

하나님이 태초에 천지를 창조할 때 하늘과 땅이 잘 정돈된 상태에서 만들어진 것이 아닙니다. 아무것도 없이 뒤 섞여 있는 공간을 질서정연하게 정리하고 채움으로 세상이 만들어진 것이죠.

> 땅이 혼돈하고 공허하며 흑암이 깊음 위에 있고 하나님
> 영은 수면 위에 운행 하시니라(창 1:2).

예를 들면 신도시를 건설할 때 도시계획에 의해 구역이 구분되고

목적에 따라 상업·주거 지역 등으로 구분합니다.

그리고 도로와 인도를 개설하고 안전한 이동을 위해 신호등과 같은 신호체계 등이 설치됩니다.

이처럼 천지창조도 하늘과 땅, 바다로 경계를 나누고 동물과 식물, 인간으로 생명을 창조하여 어우러져 살아가게 한 것입니다.

하나님이 그렇게 공간을 채우시고 질서를 정하심으로 인간은 그 나라의 백성으로 살아가는 영광을 갖게 됩니다.

그러나 인간은 살아가면서 하나님 앞에 많은 죄를 지으며 뜻에 반하는 행동을 합니다. 그럼에도 하나님은 인간을 버리지 않고 기다리며 회복의 기회를 남겨주시죠.

〈창세기〉는 하나님의 계획으로 창조된 세상에서 아담의 원죄부터 요셉을 통한 민족 번영까지 인간이 살아가는 모습이 담겨 있습니다.

한편, 사람이 가진 미숙함에 관해 어떤 책보다 적나라하게 기록되어 부족한 사람을 통해 하나님의 크심을 선포하고 있죠. 생기를 불어넣어 만든 아담에게는 선악과에 대한 원죄의 책임을 물으셨고, 노아를 통해서는 인류를 재탄생시켰습니다. 또한, 탐욕과 악행이 심한 소돔과 고모라를 불로 심판하시면서 인간의 죄악을 그냥 지나치지 않으셨죠. 그럼에도 하나님은 아브라함과 그의 후손을 통해 이스라엘 민족을 만드는 과정을 그들과 함께했습니다.

그래서 〈창세기〉는 사람이 아닌 하나님께 주목해야 합니다. 하나님이 직접 통치하시기에 백성에게 무엇을 원하는지 알아볼 수 있는 책이기 때문이죠.

아담과 하와가 선악과를 먹음으로 인간의 죄가 시작되었지만 하나님은 그들에게 가죽옷을 주십니다. 두 부부의 부끄러움과 두려움을 가려주신 것이죠. 또한, 동생을 죽인 가인을 다른 사람들이 그를 정죄하지 않도록 표를 남겨 삶의 희망을 남겨줍니다. 때론, 인간의 타락에 홍수로 벌을 내리시지만 노아를 통해 구원과 새 시대를 열어주십니다.
〈창세기〉에 등장하는 인류의 죄악에 하나님은 언제나 심판과 구원을 통해 함께 하실 것을 약속하십니다. 인간의 삶을 방치하지 않고 책임지심으로 백성에게 구원은 하나님께 있음을 분명하게 말씀하고 계신 것이죠.

∞ 원죄로부터 숙명 ∞

하나님은 천지창조 끝에 자신의 형상을 따라 흙을 빚고 생기를 불어넣어 영혼을 가진 아담Adam을 만들고 그의 갈비뼈로 하와를 만드시죠.
그리고 아담에게 하늘과 땅, 바다의 모든 것을 다스리는 영광을 주십니다. 또한, 그에게 생물의 이름을 지어주는 권한도 주어 어떤 생명체보다 인간이 우위에 있게 하죠.
그렇게 생명과 권한을 받은 두 부부는 하나님이 만든 에덴동산에서 각종 열매를 먹으며 자유롭게 지냅니다.

그러나 그 평화로움은 하나님이 유일하게 먹지 말라던 '선악과tree of knowledge of good and evil'를 두 부부가 먹어 깨집니다.
하나님은 이들에게 선악과를 먹으면 '죽을 것'이라고 경고했지만 결국 일은 벌어지고 인간의 죄가 시작된 것이죠.
하나님은 이 일로 두 부부를 책망하고 벌을 내리지만 생명을 빼앗지 않습니다.
다만, 근심 걱정 없이 평화롭게 - 자연과 함께 수고로움 없이 - 살던 에덴동산에서 쫓아내기만 하죠.

> 여자에게 이르되 임신하는 고통을 크게 더하리라 아담에게 이르되 너는 평생 수고해야 소산을 먹으리라(창 3:16).

「선악과 사건」으로 하나님이 두 부부에게 내린 벌은 남자는 노동을, 여자는 출산의 고통을 갖게 합니다.
인간의 죄에 대한 첫 번째 벌로 육체적 고통이 결정된 것입니다.
한편, 이 사건은 인간이 태어날 때부터 죄를 가지고 태어나는 원죄original sin의 상흔을 남깁니다.
그렇다고 동양철학에서 말하는 성악설 - 태어나면서부터 악하다 - 의 개념은 아닙니다. 인간이 하나님과 약속을 어기고 짊어지게 된 죄를 말하는 것입니다.
그러나 원죄는 훗날 예수님의 희생 - 인간의 죄를 대속하시고 승천 - 으로 죄를 씻어내는 기회를 얻죠.

에덴에서 쫓겨난 아담과 하와는 노동과 출산의 삶 속에서 두 아들 가인과 아벨을 갖게 되지만, 가인으로 인해 「인류 최초의 살인」이 벌어집니다.
그의 살인 이유는 소산물을 하나님께 바칠 때, 아벨의 제물만 받으셨음에 있었습니다. 그래서 가인은 기분 나쁨을 하나님 앞에 드러내고 급기야 질투심에 아벨을 죽입니다.
그런데 하나님이 가인의 제물을 받지 않는 분명한 이유가 성경에 나와 있지는 않습니다. 다만 '몹시 분하여 안색이 변했다.(창 4:5)'와 '선을 행하면 어찌 낯을 들지 못하겠느냐'라는 구절을 통해 추측해 볼 수 있습니다. 그가 감정조절에 서툴렀으며 제물이 부정했을 수 있다는 것을.
동생을 죽인 가인의 행위에서 알 수 있는 것은 하나님에 대한 분노만 있던 것이 아닙니다. 질투심과 욕심, 비교당함에 대한 열등감도 이때부터 시작된 것이죠.

가인의 살인 행위에 대해 하나님은 두고 보지 않고 벌을 내립니다.

> 네가 땅에서 저주를 받으리니 너는 땅에서 피하며 유리하는 자가 되리라(창 4:11).

농부인 그에게 떠도는 삶을 내림으로 경작에 어려움을 주고 소산물을 마음껏 얻어내지 못하게 하죠. 인간의 죄에 대한 두 번째 벌로 수고로운 삶을 주신 것입니다.
농부라는 직업을 놓고 보았을 때 매우 가혹한 심판임을 알 수 있습니다. 지금처럼 다양한 직업이 존재하지 않던 시대였으니까요.

> 장거리 운전기사가 음주운전으로 사리분별을 못해 교통사고를 일으키면 책임을 물어 면허가 취소되고 경중에 따라 감옥에 갇히기도 하죠. 그리고 그는 출소 후에 같은 일을 하는데 어려움이 따릅니다. 그의 죄가 영원한 꼬리표가 되어 사회생활에 제약을 받기 때문이죠.

불의한 방법으로 잠깐의 형통을 누릴 수 있지만, 우리는 그런 방식의 형통함을 쫓거나 하나님의 공의를 불평하지 않아야 합니다. 또한, 살면서 자연스레 생기는 불편과 의로운 삶에 대해 회의감이 들 수 있지만 기다림과 인내가 필요할 때도 있습니다.
그러나 가인은 상황이 이해되지 않자 참지 못하고 불평을 드러냈습니다. 자신을 만드신 분이 누구인지 잊은 것이죠.
그렇다고 하나님은 아담과의 관계를 단절하진 않으십니다. 그에게 셋째 아들 셋을 주며 그를 통해 인간과 다시 영적으로 이어질 것을 약속하시죠.

선악과 사건은 하나님 명령에 불복종한 행위로 인간에게 원죄를 남게 합니다. 죄에 대한 대가는 노동과 출산의 고통을 남겨주죠.
그러나 한편으로 선택과 결정을 할 수 있는 자유의지를 갖게 되어 다양한 삶을 누리는 기회가 되기도 합니다.

∞ 타락과 오만의 심판 ∞

〈창세기〉에서 인류의 죄악에 대한 심판이 몇 가지 -홍수, 소돔과 고모라 멸망 등-있습니다. 이중 인류를 물로 심판한 노아의 홍수 사건과 교만함을 벌한 바벨탑 사건을 살펴보겠습니다.

첫 번째 「홍수 사건」은 6장 5절 - 사람의 죄악이 세상에 가득함과 모든 계획이 악함을 보시고 - 말씀으로 기록되어 있죠.

하나님은 인류의 성적 타락과 죄악에 대한 벌로 40일간 비를 내려 지상을 온통 물에 잠기게 합니다. 그러나 노아는 '의롭다 righteous'하여 그의 가족과 짐승, 새 등을 각각 한 쌍씩 방주에 태워 살아남도록 하죠. 노아의 의로움에 대해 〈히브리서〉 11장 7절에서는 이렇게 말하고 있습니다.

> 노아는 아직 보이지 않는 일에 경고하심을 받아 경외함으로 방주를 준비하여 그 집을 구원하였으니(히 11:7).

노아의 의로움은 다른 인간과 달리 하나님과 동행하며 - 의인이요 당대에 완전한 자라(창 6:9) - 살았기 때문에 가능했습니다.
고도의 학문이나 선지자의 가르침이 없었던 시대임을 감안 한다면 그의 의로움은 하나님을 향한 믿음이 전부였다고 볼 수 있죠. 하나님이 인간을 만드실 때 우리에게 준 세 가지 축복이 있습니다. "생육하고 번성하라, 땅을 정복하라, 다스리라"라는 명령이죠. '생육'은 자라는 것이고 '정복'의 삶은 넓어지는 것이며 '다스리는 삶'은 깊어지는 것이라 할 수 있습니다. 대홍수 전 인간은 타락에 빠져 하나님이 원하는 방식으로 자라지 못하고 스스로 다스리는 삶을 살지 못했죠. 그러나 노아를 주님의 은혜 안으로 들어오게 함으로 인간을 넓어지는 삶으로 초대하셨습니다.

두 번째 「바벨탑 사건」은 인간의 교만함에 비롯된 것입니다. 인간은 오랜 시간이 지나면 과거를 잊는 경우가 많아 망각의 동물이라 부릅니다. 바벨탑은 전형적인 망각의 산물로 홍수를 통해 단죄 받았어도 그것을 잊고 현재만 바라본 사건이죠.

우리 이름을 내고 온 지면에 흩어짐을 면하자(창 11:4).

사건내막을 보면 인간은 성읍과 탑을 쌓으면서 '우리 이름을 내고' 라는 말합니다. 이 말은 하나님이 배제된 말로 홍수 이후 다시 저항하는 행위로 볼 수 있습니다. 결국, 스스로 이름 높임을 받으려는 그들의 행위에 하나님은 심판으로 응답하시죠. 그때까지 하나의 언어였던 것을 다양하게 만들어 서로 소통하지 못하게 합니다. 언어의 장벽은 결국 공사 중단으로 이어지게 됩니다. 교만은 신앙인이 주의해야 할 가장 큰 욕망입니다. 교만함에는 겸손과 자기반성이 없어 회개할 때 진정성을 담을 수 없습니다. 〈사도행전〉 3장 19절의 '회개하고 돌아오라' 라는 말을 되새겨 보면 교만함을 돌아보라는 의미가 담겨 있습니다. 과거의 잘못을 교훈 삼아 삶 속의 교만함을 버리는 것이죠.

철학자 소크라테스는 "반성하지 않은 삶은 살 가치가 없다."라는 말을 했습니다. 실수해도 반성함으로 성장해 가야 한다는 것입니다. 두 사건의 공통점은 자신들이 세운 기준에 따라 행동하고 잘못임을 깨닫지 못함에 있습니다. 그래서 끝없이 죄를 지었던 것이었죠. 하나님은 한 번의 실수로 인간을 향해 가혹한 심판을 내리시는 분이 아닙니다. 타락과 교만을 참고 기다리다 반성하지 않는 모습을 보면서 벌을 내리시죠.

∞ 다시 기회를 ∞

‖ 아브라함으로 창대하게 하리라

하나님은 인류의 죄악에 실망하지만, 한편으로 사랑의 끈을 놓지 않으십니다. 의로운 인간을 통해 자기 백성으로 살아가도록 회복의 기회를 계획하시죠. 노아 이후 그렇게 선택받은 인물이 아브라함입니다.

그는 하나님이 부르기 전에 갈대아 우르 - 유프라테스강 인근 - 지방에 살고 있었습니다. 이런 그를 하나님은 가나안 땅으로 불러들이고 아브라함은 그 명령을 받고 망설임 없이 이행합니다. 그때 아브라함의 나이는 칠십오 세였죠.

아브라함이라는 이름 - 하나님이 지어줌 - 은 '많은 무리의 아버지'라는 의미가 담겨 있습니다. 이름에서 그가 많은 자식을 거느릴 것을 예상할 수 있죠.

> 내가 네게 큰 민족을 이루고 네게 복을 주어 네 이름을 창대하게 하리니(창 12:2).

하나님이 아브라함과 한 약속은 민족 번영의 말씀으로 그의 아들 야곱을 통해 계보가 이어지죠.

하나님은 아브라함과 약속을 한 번에 그치지 않고 할례 한 후 다시 한번 약속 - 내가 내 언약을 나와 너 사이에 두어 번성하게 하리라(창 17:2) - 하십니다.

반복해서 말씀하셨다는 것은 확실한 언약으로 심판 사건처럼 다시는 인간을 멸망하지 않겠다는 의미이기도 합니다.
그러나 하나님은 약속을 단번에 이루시지 않습니다.
그의 후손을 하나씩 준비시키시면서 몇 대에 걸쳐 계획을 완성하시죠. 일정한 시간과 그들의 됨됨이 - 중심과 믿음을 보고 - 를 보며 준비가 되었을 때 그 뜻을 완성하신 것입니다.

바람이 분다하여 바람을 움직일 수 없듯 모든 일에는 때가 있고 방법이 있습니다. 하나님의 섭리도 이와 같죠.
하나님의 명령을 지키면 안전하고 권리를 누리게 됩니다.
아브라함은 하나님에 대한 절대적인 믿음을 기반으로 복을 받습니다. 하나님의 명령으로 태어난 곳을 떠나 가나안에 정착하고 100세에 이삭을 갖습니다. 그리고 아들을 제물로 바치라는 시험에 그는 반발하지 않고 따르는 행동을 보여주죠.
이 모든 것 중 어느 것 하나 쉬운 게 없었습니다.
그러나 아브라함은 부르심이 있는 삶에 감사하며 믿음을 잃지 않고 하나님께 속한 삶을 살아갔습니다.

‖ 야곱으로 민족의 뼈대를 완성

아브라함의 아들 이삭에게 두 명의 아들이 있었습니다. 그 둘은 쌍둥이로 태어난 에서esau와 야곱이었죠. 장자 원칙에 의하면, 에서는 그의 아버지로부터 장자권birthright을 받을 위치에 있었습니다. 그러나 그는 사냥하고 돌아와 배고픔 때문에 - 명분이 내게 무엇이 유익하리오(창 25:32) - 야곱의 요구대로 그가 만든 죽 한 그릇과 장자의 권한을 맞바꿉니다. 야곱은 뭐가 중요했길래 장자권을 원했을까요? 에서의 말처럼 피상적인 단어로 생각될 수 있는데 말이죠.

장자권은 하나님 앞에 대표성을 갖고 있습니다. 하나님과 함께하며 전통을 계승하는 의미가 있는 것이죠.
〈창세기〉에서 장자권을 이야기할 때 많은 인물 중 아담의 셋째 아들 셋[seth]을 주목해야 합니다. 셋은 가인 때문에 죽은 아벨을 대신해 주신 아들이죠.
그렇다고 그가 단순히 아벨을 대신한 아들이 아닙니다. 가인이 죄를 짓고 버림받음으로 그가 장자가 된 것이죠.

> 셋도 아들을 낳고 그의 이름은 에노스라 하였으니 그때에 비로소 여호와의 이름을 불렀다(창 4:26).

하나님과 인간은 셋을 통해 화해 - 가인으로 인해 하나님이 떠나있었음 - 합니다. 그리고 노아를 통해 인류를 재편하면서 그의 아들 셈이 그 권한을 넘겨받아 이삭까지 이어지게 되죠. 계보를 통해 보면 하나님이 누구를 장자로 택했는지 분명히 알 수 있습니다.
그래서 장자권은 단순히 피상적인 단어가 아님을 알 수 있죠. 야곱은 이점을 잘 알았던 것입니다.

> 네 자손이 땅의 티끌같이 되어 네가 서쪽과 동쪽과 북쪽과 남쪽으로 퍼져 나갈지며(창 28:14).

야곱의 장자권은 그가 에서를 피해 20년간 외삼촌 집에 머물다 고향으로 돌아오는 길에 명확해집니다.

그 길에서 하나님의 사자를 만나 씨름을 하고 이김으로 이스라엘 - 하나님과 겨루어 이겼다는 뜻 - 이라는 새로운 이름을 얻고 거듭나게 됩니다.
야곱은 씨름을 통해 이름만 얻은 것이 아닙니다. 집으로 가는 발걸음에 하나님이 동행하심으로 그의 형에 대한 두려움이 희망으로 바뀌는 계기가 되죠.
야곱을 통해 신앙은 단단하게 부여잡는 것만을 의미하지 않음을 알 수 있습니다. 유연해지지 않으면 안 되는 떠남의 부르심도 있죠. 그래서 신앙생활은 부르실 때 하나님께 주목하여 바라봐야 합니다. 하나님이 주신 땅에서 떠나지 말라고 하시듯 야곱은 외삼촌 집에 머무는 동안 많은 자식도 낳았습니다. 그의 아들은 르우벤, 유다, 요셉 등 열두 명으로 훗날 가나안 땅 정복 시 열두 지파의 조상이 됩니다.
형을 피해 떠돌았던 삶은 그냥 보낸 시간이 아니었습니다. 그를 통해 하나님은 이스라엘 민족을 준비시키신 것이죠.

야곱은 열두 아들 중 요셉을 유독 좋아했습니다.
그가 얼마나 귀여웠던지 요셉에게 좋은 채색 옷을 입히는 등 다른 아들과 차이를 두죠. 그런데 자녀의 차별은 다른 형제에게 시기의 대상이 되어 요셉을 미디안의 상인에게 팔아넘기게 됩니다. 형제들에게 버림받은 요셉은 상인의 손에 이끌려 애굽의 친위대장 보디발의 노예로 팔립니다.
그런데 노예로 팔려 온 요셉이 지혜롭게 일을 처리하자 보디발은 그에게 집안일을 모두 맡깁니다. 하지만 평온한 삶을 살던 요셉에게 시련은 또다시 찾아옵니다. 어느 날 보디발의 아내가 요셉의 옷깃을 잡고 유혹하자 그는 옷을 버려두고 자리를 피합니다. 보디발의 아내는 요셉이 매번 유혹을 뿌리치자, 그에게 누명 - 겁탈했다는 - 을 씌어 감옥에 갇히게 하죠. 요셉은 야곱과 있을 때 신뢰받고 사랑받는 삶에 익숙했었습니다. 그런 삶을 살아온 사람에게 사탄은 배고픔과 약점을 이용해 괴롭히죠. 그래서 거절하기가 쉽지 않습니다.

하지만 요셉은 보디발의 아내의 유혹을 거절했습니다.

그 결과는 억울한 모함이었지만 훗날 바로를 만날 기회를 얻습니다. 성경은 이 과정을 형통이라 표현하죠.

옥에 갇힌 요셉은 그곳에 갇혀있던 술 맡은 관원장 - 왕에게 술 따라주는 사람 - 의 꿈을 해몽해 줍니다. 이후 그는 궁으로 복직하게 되죠.

2년 뒤, 바로 왕이 꿈을 꾸고 해몽해 주는 사람이 없자 술 맡은 관원장은 요셉이 떠올라 그를 추천해 해석하게 합니다. 요셉은 바로 왕의 꿈에 대해 '칠 년 동안 흉년이 있을 것'이라는 해석과 함께 대비책까지 알려줍니다.

> 바로가 그의 신하들에게 하나님의 영에 감동된 사람을 우리가 어찌 찾을 수 있으리요(창 41:38).

형제의 손에 팔려 간 요셉은 어려움 속에 하나님이 주신 능력으로 왕의 꿈을 해몽함으로 애굽의 총리로 임명됩니다.

요셉의 삶의 정점은 총리가 된 것이 아니라 자신과 하나님이 화해하게 된 이 순간입니다. 진정한 인생 전환이 이뤄진 것이죠. 요셉이 비로소 자신을 가두던 마음의 성을 무너트림으로 자신이 돌봄 받아온 사람이라는 것을 알게 된 것입니다.

요셉의 신분 상승은 가나안의 가족들이 기근을 피해 – 형제들을 재회한 후 – 애굽에 정착하는 계기가 됩니다.
그의 가족 모두를 애굽으로 이주시키는데, 이때 바로 왕이 좋은 땅과 편안한 보금자리를 약속하며 기뻐합니다.
요셉의 일생을 봤을 때 형제들을 원망하고 다시 안 볼 수 있었지만, 그는 형제를 품어 안으며 가족의 생명을 구해 냅니다.
이것은 하나님이 인도하신 과정 가운데 얻은 은혜라 할 수 있죠.

그런데 하나님은 야곱의 많은 자식 중에 왜 요셉을 선택하셨을까요? 그는 장자도 아닌 열한 번째 아들로 무엇을 해도 순번상 기회가 찾아올 확률이 적은데 말이죠.
더구나 어릴 적 꿈에 자기 형들이 자신에게 머리 숙일 것이라는 말까지 하던 철부지였습니다.
이런 그를 하나님이 선택하셨다는 것이 처음에는 이해되지 않습니다. 그러나 〈창세기〉를 끝까지 읽고 나면 이 질문이 처음부터 잘못된 것임을 알게 됩니다.
요셉을 선택한 것이 아니라 '그를 통해 하나님의 계획을 이뤄가신 것'입니다. 하나님의 계획에 요셉을 쓰신 것이죠.
그를 통한 하나님의 계획은 성경 곳곳에서 나타나는데 몇 가지 살펴보면 다음과 같습니다.

> 간수장은 그의 손에 맡긴 것을 무엇이든지 살펴보지 아니하였으니 이는 여호와께서 요셉과 함께 하심이라
> (창 39:23).

위 말씀은 보디발의 아내 때문에 감옥에 갇힌 요셉이 감옥을 관리하고 있음을 말해 줍니다. 하나님이 간수장에게 은혜를 받게 하신 것이죠. 그리고 그 감옥에서 요셉은 술 맡은 관원장을 만나 왕 앞에 나가 꿈을 해석하는 인연을 맺게 됩니다. 또한, 어릴 적 형들과 아버지가 자기 앞에서 머리 숙일 것이라는 꿈 - 요셉의 형들이 와서 그 앞에서 땅에 엎드려 절하며(창 42:6) - 이 사실로 이뤄지기도 합니다.
기근을 피해 요셉을 찾아온 그의 형들이 식량을 구하기 위해 총리가 된 요셉 앞에 머리를 숙이죠.

> 요셉은 무성한 가지 곧 샘 곁의 무성한 가지라 그 가지가 담을 넘었도다(창 49:22).

한편, 위 말씀처럼 그를 통해 이스라엘 자손을 번성하게 하셨음을 알 수 있습니다. 애굽에 정착한 야곱의 후손은 칠십 명으로 시작해서 사백여 년이 지날 때쯤엔 수백만의 인구로 거듭나죠. 요셉을 통한 하나님의 계획은 약속의 땅에 가기 전까지 백성의 생명을 보존하고 번영하는 데 있었습니다. 아브라함과 약속한 것을 지키기 위한 준비를 해 두신 것이죠.

미국의 대통령 링컨은 남북전쟁 당시 "하나님이 우리 편이 되

시도록 기도해 주십시오"라는 참모의 말에 "우리가 하나님의 편이 되도록 기도하자."라고 말했습니다. 이 말은 하나님의 복은 정해져 있는 것이 아니라 스스로 뜻을 정하는 삶에 의해 얻고 누릴 수 있음을 알게 합니다.

하나님은 자기의 뜻을 이루시는 분이심에 우리를 그 계획으로 부르고 초대합니다. 그래서 하나님의 부름에 응답하여 그 뜻을 두기로 정한다면, 우리는 하나님이 이끄는 길 위에서 형통한 은혜를 얻게 될 것입니다.

야곱은 형을 통해 장자권을 얻고 20년 동안 외삼촌 집에 머물며 정죄의 시간을 보냅니다.

그의 아들 요셉은 낯선 환경과 고난에도 하나님을 놓지 않음으로 가족의 안전을 보장받죠. 두 사람의 공통점은 하나님이 아브라함과 약속한 민족 번영을 위한 자녀로 선택받은 것이었습니다. 또한, 믿음으로 신앙을 지킨 그들의 마음이 좋은 결과를 만든 것입니다.

- 창세기는 하나님 질서의 축소판 -

하나님의 섭리에는 질서가 존재합니다.
천지창조 6일만 봐도 그 시간 동안 만들어진 것이 인간이 살아갈 수 있는 조건이 되었음을 알 수 있죠.
또한, 창조물을 살펴보면 유기적으로 질서를 유지하고 있음을 알 수 있습니다. 태양과 달은 낮과 밤을 만들어 식물의 삶에 필요한 영양분을 만듭니다.
잘 자란 식물은 초식동물의 먹이가 되고, 육식동물은 그 초식동물을 먹고 살아가죠.
이중 어느 것 하나라도 빠진다면 동물이나 식물 모두 생명을 유지할 수 없습니다. 과학이 발달해도 이 질서를 인위적으로 만들기는 어렵죠.

인간의 삶도 하나님의 질서 속에서 운행합니다.
하나님의 말씀과 믿음 안에 살아가는 사람은 복을 주어 살아가게 하십니다. 반면, 그 뜻을 거역하면 어떻습니까? 개인의 고난은 물론이고 수백 년 동안 고통 속에 살아가게 하죠. 이 질서는 성경의 모든 사건과 말씀에 동일하게 적용되어 집니다. 차이가 있다면 심판은 즉시 일어나도 회복은 시간이 걸린다는 것이죠.

시간 차이는 있지만, 하나님의 심판과 회복의 역사는 항상 서로를 따라갑니다. 그것은 하나님의 계획안에서 모든 일이 이루어짐에 기인한 것입니다.

〈창세기〉에는 이런 하나님의 질서 – 약속, 심판, 회복 – 가 압축되어 담겨 있습니다. 노아를 통한 인류의 회복, 아브라함을 통한 번성, 이삭과 야곱을 통해 거주지와 신분 전환의 영광 등을 한눈에 살펴볼 수 있죠.

한편, 그 질서를 다른 말로 하면 '원인과 결과'의 섭리라 할 수 있습니다.

하나님의 질서를 따르지 않는 원인 – 불순종, 이기심, 교만 등 – 에 대해 심판이라는 결과로 나타나기 때문이죠.

2_
광야에서 질서정연하게 걷기

'백성으로 거듭나는 질서'

〈출애굽기〉와 〈민수기〉는 이스라엘 백성이 430여 년 만에 애굽[Egypt]을 탈출한 대서사시입니다.
과거 요셉을 통해 정착한 이스라엘이 수 세기가 흘러 노예로 전락 - 인구 증가로 애굽 왕이 두려워함 - 해 지배를 받자, 하나님이 구원하신 거죠.
이들을 탈출시킬 때 하나님은 모세를 지도자로 세워 광야 생활을 40년간 이끌어 가도록 합니다. 이렇게 긴 시간을 준비시키신 이유는 그들이 종종 우상숭배 등으로 말씀을 거역했기 때문이죠.

이스라엘 백성의 광야 생활은 하나님의 동행과 가르침 아래 성장해 갑니다. 그들에게 십계명과 율법을 내려 생활 속 질서를 지키게 하고, 두 번의 인구조사로 군대를 조직하고 지파별로 땅을 분배합니다.

그리고 그들의 긴 여정만큼 〈출애굽기〉와 〈민수기〉에는 이스라엘에 대한 하나님의 다양한 표징이 등장합니다.
이스라엘이 탈출을 막으려는 애굽의 바로에게 열 가지 재앙을 내려 하나님의 능력을 드러내십니다. 또한, 백성이 광야를 걸어갈 때는 낮에는 구름 기둥으로 밤에는 불기둥으로 그들을 인도합니다. 이것은 광야에서 길을 잃지 않는 수단이기도 하며 적절한 온도 조절로 질병에서 보호하는 목적이라 할 수 있죠.

> 군인이 행군할 때면 지휘자는 기상, 행군, 휴식 장소 등을 계획하고 이동합니다. 그리고 같은 보폭과 속도에 맞춰 수십 킬로미터를 걸어 목표한 곳에 도달하죠. 이때 휴식시간, 속도 등 어느 하나라도 맞지 않으면 계획된 행군은 실패하고 말죠.

출애굽Exodus을 시키신 하나님은 백성이 알아서 이동하도록 지켜만 보시지 않습니다. 준비 단계부터 직접 계획하시고 필요한 지식과 율법을 가르치시죠.
이는 목표와 방향성을 같이 함으로 동행하고 계심을 알려준 것입니다. 모세의 지도만으로 바른길을 걷기에는 어려움이 많았기에 개입하신 것이죠.

사극의 한 장면 같은 〈출애굽기〉는 읽어만 봐도 이해하는 데 어려움은 없습니다. 그런데 다음에 이어지는 〈레위기〉는 제사에 관한 내용을 다루고 있어 난해하고 흐름을 끊게 해 숙독에 어려움이 있죠. 어렵게 마음을 다잡고 읽으려 하면 다음에 등장하는 〈민수기〉에서 헉! 소리가 납니다.

그 내용이 〈출애굽기〉와 연장선에서 전개되다 보니 앞장을 넘겨 봐야 하는 불편함을 초래하죠.
그래서 이번 장에서는 〈출애굽기〉와 〈민수기〉를 함께 살펴보려 합니다. 모세가 하나님 뜻에 따라 출애굽 백성을 이끌어 가는 생활상을 함께 볼 수 있으니까요.

∞ 모세를 지도자로 준비 ∞

> 전쟁이 날 때 우리 대적과 합하여 우리와 싸우고 이 땅에서 나갈까 하노라(출 1:10).

요셉을 통해 애굽에 정착한 이스라엘 민족은 수 세기를 지내는 동안 인구가 증가합니다.
한때 환대받았던 처음과는 달리 그들은 노예 신분으로 전락하게 되고 인구 증가는 애굽 왕 바로에게 위협 - 적이 될까 두려운 존재로 각인되기 시작 - 이 됩니다.
바로[pharaoh]는 이 상황을 타개하기 위해 이스라엘 남자아이가 태어나면 나일강에 버리라는 극단적인 지시를 합니다.
그때 레위 지파의 후손 모세도 버려졌지만, 다행히 애굽 공주의 손에 건져져 왕자로 자라게 되죠.

세월이 흘러 성인이 된 모세는 이스라엘 백성이 애굽 사람에게 혹사당하자 화를 참지 못해 그를 죽입니다.
그리고 살인이 두려웠던 그는 곧장 도망쳐 미디안에 정착하지만,

운명이 그를 가만두지 않습니다.
어느 날 모세는 양치며 살던 중 호렙산 떨기나무에서 하나님을 만나 명령을 받습니다. "이스라엘 백성을 데리고 가나안 땅으로 가라"라고 말이죠.
그렇다고 모세가 곧바로 자신감이 생겨 말씀을 실천하지는 못합니다. 자신이 이스라엘 백성 앞에 서도 그들이 따라오리라는 보장이 없었으며, 바로를 설득해야 하는 어려움도 있었기 때문이죠.

철학자이자 사상가인 아우구스티누스는 이런 말을 했습니다. "신은 불가능한 일은 명하지 않는다. 네가 할 수 있는 일을 하도록 초대하고 할 수 없는 일에는 해낼 수 있도록 도움을 준다."라고 말이죠. 신은 인간이 할 수 있는 범위에서 어떤 일을 준다는 것입니다.
수천 년 전 모세의 걱정은 당연하였습니다.
갑작스럽게 나타난 하나님이 보잘것없는 자신에게 중임을 맡기셨기 때문이죠. 그런데 모세의 불안감을 알고 계신 하나님은 그가 해낼 수 있도록 세 가지를 준비해 주십니다.

첫 번째로 이스라엘 백성이 「자기 말을 믿을 것인가?」에 대한 불신감에 대해 이렇게 전하라 합니다.

스스로 있는 자가 나를 너희에게 보내셨다(출 3:14).

그리고 "아브라함, 이삭, 야곱의 하나님이 너희를 돌봐 너희가 애굽에서 당한 일을 확실히 보았노라"라고 말하면 장로들이 들을 것이라 하죠.
하나님은 여기서 그치지 않고 바로 왕이 모세의 말을 듣지 않을 것도 미리 얘기해 주십니다. 그러나 그가 뜻을 굽히지 않으면 애굽에 재앙을 내려 그곳에서 탈출시키실 것을 함께 약속하시죠.

두 번째는 바로 왕 앞에 섰을 때 자기 말을 듣고 「순순히 보내 줄 것인가?」에 대한 두려움을 해결해 주십니다.
하나님은 모세에게 지팡이를 던지면 뱀이 되고, 자기 손을 품에 넣으면 나병이 생기는 표징을 보여줍니다.
그런데도 바로 왕이 믿지 않으면 나일강 물을 땅에 부으면 피가 될 것이라며 말씀하십니다. 표징은 상대방을 설득 - 눈으로 보여주어 - 시킬 수 있는 아이템이었던 것이죠.
결과적으로 세 가지 표징에도 바로 왕이 쉽게 보내 주지 않자 하나님은 열 개의 재앙을 내립니다. 그리고 열 번째 재앙인 장자의 죽음(출 12:29)을 통해 바로는 굴복하고 그때야 그들을 보내 줍니다.

세 번째는 스스로 「말주변이 없다」라는 자신감 부족에 대한 조치였습니다. 이는 그의 형제 아론을 대변자로 붙여주심으로 해결합니다. 하나님이 앞서 두 가지를 약속하셔도 말주변이 부족한 것은 그에게 큰 어려움이었을 것입니다.
그러나 아론의 보좌를 받음으로 대중 앞에서 자신감 부족은 자연스럽게 해결됩니다.

인간은 습관적으로 할 수 있을까? 라고 자문하지만, 하나님은 감당할 수 있게 인도해 주십니다. 그러나 쉽게'감당할 수 있다.'라고 대답할 수 있는 사람은 극히 드물죠. 매번 성공적인 삶을 살아온 것이 아니기 때문입니다.

수천 년 전 모세도 하나님의 명령을 받고 처음부터 '감당할 수 있다.'라는 자신감을 보이지 못했습니다. 아마도 그 상황에서 할 수 있는 것은 '내게 주신 길을 감당하게 하소서'라는 기도뿐이었을 것입니다.

모세는 그 기도만으로도 광야 길을 충분히 이겨내는 결과를 낳게 됩니다. 무려 40년 동안 민족을 이끌어 약속의 땅 앞까지 그들을 인도한 것이죠.

모세는 애굽의 왕자였고 미디안에서 양치던 사람이었습니다. 그가 하나님의 부름을 받고 할 수 있는 것은 명령을 따르는 것뿐이었죠.
삶의 방향을 바꿔 고난의 길을 담대히 받아들인 것입니다.

∞ 하나님의 계획과 인도 ∞

‖ 노예에서 민족으로

애굽을 탈출한 백성은 광야 생활 3개월째 하나님의 십계명을 받습니다. 하나님은 백성을 일방적으로 보호하는 것이 아니라 지켜야 할 본분을 분명히 하신 것입니다.

십계명은 하나님께 지킬 계명 네 개와 이웃 간에 지킬 계명 여섯 개로 구분되어 있습니다.

십계명 중 우상숭배는 명백한 배도임에 이것을 첫 번째 계명으로 내립니다.
애굽에서 그들이 우상을 놓지 않고 섬겼음에 누구의 백성인지 명확히 해 둘 필요가 있었죠.

> 전통적인 기복신앙은 인간의 정신적인 간절함을 해소하기 위한 수단이었습니다. 그런데 그 신앙에 대한 대상이 짐승, 물건 등 인간보다 못한 것이었죠. 하나님이 우상을 숭배하지 말라는 것은 태초에 모든 것을 자신이 만드셨기 때문입니다. 한편, 아담이 짐승의 이름을 지어줬음을 생각해 보면 그 행위가 부적절한 것이기도 하죠.

또한, 하나님의 백성으로 신분이 바뀐 만큼 노예근성 - 무질서, 다양한 우상숭배 등 - 을 뿌리 뽑을 율법을 알려주십니다.
여기에는 폭행 · 배상 · 도덕 · 공평 · 안식일 등 종교 및 사회적으로 지켜야 할 것을 담아내고 있습니다.
오늘날의 법률과 생활 규범처럼 이웃과의 관계를 어떻게 해야 하는지 알려주신 것입니다.

그 규례를 살펴보면 많은 의미를 내포하고 있습니다.

> 돌로 제단을 쌓거든 다듬은 돌로 쌓지 말라(출 20:25).

돌을 다듬는 문제만 봐도 두 가지로 해석해 볼 수 있죠.
먼저, 십계명의 '어떤 형상도 만들지 말라'라는 말에서 찾을 수 있습니다. 돌을 다듬기 위해 도구를 사용하고, 형상을 만들면 결국 우상을 만드는 것과 같기 때문이죠.

또 다른 의미로 돌을 다듬는 행위는 노동력을 필요로 하기에 '착취하지 말라'는 의미도 있죠. 백성은 노예 생활을 오랫동안 했습니다. 하나님은 이점을 고려하여 돌도 깎지 말라 하신 것입니다. 예를 들어 제단을 쌓기 위해 돌을 다듬으면 돈과 인력이 필요하고 결국, 동족을 노예처럼 부리는 일로 이어질 수 있습니다. 잘해 보려던 행동이 부도덕한 행위로 이어지는 것을 미리 방지한 것이죠. 이 밖에 폭행에 관한 법은 고의성이냐 아니냐에 따라 판결을 달리하라 합니다. 고의성이 있다면 사형까지 집행하는 반면 그렇지 않다면 사안에 따라 손해를 배상하라 하죠.

성경에서 일명 황금률이라 불리는 "남에게 대접받고 싶은 대로 그들을 대접하라(막 7:12)"라는 구절이 있습니다. 이것은 사람을 향한 존중과 동정심에 관한 말이죠.
하나님은 상처는 감정을 부풀리는 힘이 있어 손해 이상의 벌을 주지 않도록 - 눈은 눈으로, 이는 이로, 덴 것은 덴 것으로(출 21:24) - 생명을 함부로 빼앗지 못하게 합니다. 원수 갚는 일은 하나님의 진노에 맡기라는 것이죠.
이렇게 하나님은 인간 사이의 질서를 정립하여 삶을 평등하게 하고 공동체의 기초를 마련하십니다.
체계화된 사회 질서는 종교 · 도덕적 규범을 함께 발전시키는 원동력이 되죠.

가끔 '눈에는 눈, 이에는 이'라는 말을 오인해석 하여 사용하는 사람을 봅니다. 문장의 의미를 복수에 둔 것이죠.
같은 문장이라도 해석 하나에 의미가 달라질 수 있습니다. 그래서 성경을 볼 때 간과하지 말아야 할 것은, 하나님은 어떤 경우에도 우리가 폭력의 주체가 되는 것을 원하지 않는다는 것입니다.

‖ 두 기둥과 만나로 보호

모세가 하나님의 명령대로 애굽을 떠나 가나안으로 가는 길은 매우 험난한 길이었습니다. 드넓은 광야는 방향을 탐지하기도 어렵고 일교차는 질병으로부터도 취약했죠.
이 길에 하나님은 「낮에는 구름 기둥으로 밤에는 불기둥」으로 이동 방향을 제시하고 질병으로부터 보호합니다.
그러나 수백만의 백성이 기본 가재도구와 짐만 챙기고 떠난 길이라 시간이 갈수록 식량이 떨어지고 지쳐만 가죠.
그들은 배고픔에 하나님과 모세를 향해 불만을 토로하기에 이릅니다.

> 우리가 애굽 땅에서 고기 가마 곁에 앉아 있던 때와 떡을 배불리 먹던 때에 여호와의 손에 죽었더라면 좋았을 것을 너희가 이 광야로 우리를 인도해 내어 이 온 회중이 주려 죽게 하는 도다(출 16:3).

황량한 광야에서 수백만 명이 먹을 것을 해결하는 것은 어려운 일이었죠. 그러자 하나님은 모세를 통해 쓴 물을 달콤하게 하여 마시게 하고, 매일 만나-깟씨 같이 희고 맛은 꿀 섞은 과자-를 주어 살아가게 합니다.
광야에서 자식을 양육하는 것처럼 음식을 주고 가야 할 방향을 알려줘 길에서 벗어나지 않게 한 것입니다.
그런데도 백성은 배고픔과 목마름에 매번 불만을 토해내는데 그 때마다 모세의 기도로 하나님은 참으십니다.

> 기도는 우리가 처한 가장 큰 문제인 죄에서 자유롭게 합니다. 숨김없이 반성함으로 죄 사함의 은혜를 얻는 것이죠. 성령은 우리 안에서 마땅히 기도할 바를 알게 합니다.

출애굽 백성은 사람으로서 자연스레 생기는 불평과 시기를 넘어 믿음으로 살아가는 방식에 회의감이 들었을 것입니다. 그러나 이해보다 기다림과 인내가 믿음일 때가 있죠.
불의한 방법으로 잠깐의 형통함을 누릴 수 있지만 우리는 하나님의 공의를 의심하거나 불평하지 말아야 합니다.
인내하지 못함은 불의의 열매를 낳지만 기다림은 하나님의 성실의 열매를 보게 하니까요.

동행과 보호에도 배고픔과 목마름 때문에 불만을 토로하는 출애굽 백성에게 하나님의 바램은 무엇이었을까요?
아마 음식을 섭취하는 것에 집중하기보다, 나를 살게 하는 열매가 말씀임을 바라셨을 것입니다.

‖ 인구 재편

> 너희는 이스라엘 자손의 모든 회중 각 남자의 수를 종족과 조상의 가문에 따라 계수할지니(민 2:2).

출애굽 둘째 해, 하나님은 시내 광야Sinai Desert에서 백성의 인구조사를 지시합니다.
요셉을 통해 애굽을 정착할 당시만 해도 이스라엘은 칠십여 명이었습니다. 그런데 출애굽 후 이십 세 이상 남자만 세어보니 육십만 명을 넘어섭니다. 여자나 아이까지 포함했다면 아마 이백만 명 이상이 되었겠죠. 이 정도 규모면 우리나라 광역시 인구를 능가합니다.
그 많은 사람을 데리고 이동하려면 어떻게 해야 할까요?
하나님은 여기에 대한 답을 인구조사를 통해 해결하신 것입니다.
열두 지파로 인구를 정리하는 것과 동시에 군대를 편성합니다. 아무래도 광야에 어떤 위험이 있을지 모르니까요.

이 과정에서 하나님은 성막을 중심으로 진을 치도록 명령합니다.
동쪽에는 유다, 남쪽에는 르우벤, 서쪽에는 에브라임, 북쪽에는 단 지파를 중심으로 열두 지파를 편성하죠. 편성된 지파는 단순히 인구수가 많은 순서에 의해서만 정해진 것이 아닙니다.

> 규가 유다를 떠나지 아니하며 통치자의 지팡이가 그 발 사이에서 떠나지 아니하기를(창 49:10).

장자의 원칙과 야곱으로부터 축복받은 지파를 중심으로 성막을 둘러싸고 있는 것입니다. 특히, 동쪽은 하나님이 성막을 출입하는 방향이라 이곳에는 유다 지파를 배치합니다.
이것은 유다 지파가 상징적으로 다른 지파보다 위에 있음을 암시 - 훗날 다윗과 예수 탄생으로 이어짐 - 하는 것임을 알 수 있죠.

지파별로 편성이 끝나고 인구조사에 열외 된 레위 지파는 하나님의 맏아들 구실을 하게 합니다.
그러나 레위 지파는 땅과 재물을 물려받지 못하게 하고 순수하게 성막을 위해 봉사하는 역할을 하게 하죠.

> 모든 태어난 자 대신에 레위인을 취하고, 또 가축 대신에 레위인의 가축을 취하라 레위인은 내 것이라(민 3:45).

맏아들 역할은 하나님이 줄 곳 말씀하신 '모든 처음 태어난 자는 내 것이다.'라는 말에 기인한 것입니다. 위 말씀처럼 첫 소생은 하나님 앞에 바쳐야 하는데 레위 지파가 대신하는 역할을 한 것이죠.

여기서 궁금증이 하나 생깁니다. 하나님이 왜 레위를 맏아들로 선택했느냐?는 것이죠. 이유는 분명치 않지만 〈창세기〉의 세겜 사건(창 33:18)과 〈출애굽기〉 송아지 사건의 연관성에서 그 해답을 찾아볼 수 있습니다.
먼저, 세겜 사건은 야곱이 고향으로 돌아오던 길에 그의 딸 디나가 히위족속 세겜에게 강간당하는 사건입니다. 이방 민족에게 이스라엘의 딸이 수치스러움을 당한 것이죠.
그런데 세겜은 그 일로 디나를 사랑하게 되어 아내로 삼게 해달라고 청혼합니다. 그러자 야곱의 자식들은 "할례받지 않은 이방민족에게 디나를 줄 수 없다."라고 반대하죠. 세겜은 그 말을 듣고 성읍 사람들을 모두 설득시켜 할례를 받게 합니다. 하지만 야곱의 아들 시므온과 레위는 약속을 어기고 할례받고 움직임이 더디던 성읍 사람을 모두 죽입니다.

> 하나님은 악을 악으로 갚지 말라 하셨습니다. 원수 갚음은 하나님 손에 있다고 말이죠. 이 말씀은 악한 일을 섣불리 손대면 악함 그대로 남지만, 하나님이 손대면 선한 일로 이루실 통로로 삼으신다는 약속과 같습니다.

야곱은 자식들의 부당한 태도에 못 마땅해 하며 이렇게 유언을 남깁니다. "야곱 중에서 나누며 이스라엘 중에서 흩으리라"라며 두 아들을 저주하죠. 다른 아들과 구별한 것입니다.

저주를 내린 뒤, 수 세기가 지나 모세가 광야 생활을 할 때 백성들이 금송아지를 만들어 숭배하는 사건이 벌어집니다.
이 일에 모세가 분노하여 하나님을 대신해 이들을 처단하고자 "누구든지 여호와 편에 있는 자는 내게로 나오라"라고 말합니다. 이때 레위 지파가 모세 앞에 서고 우상을 숭배하던 백성을 처단하죠. 레위 지파의 행위는 하나님께 죄를 지었을 때 제사장이 희생제물을 바쳤던 것과 비슷 – 속죄제의 의미 – 했습니다. 우상을 숭배한 백성을 처단하고 하나님께 죄를 돌이킴으로 남은 백성이 심판을 피할 수 있었으니까요. 레위 지파를 통해 심판을 대신한 모세는 "오늘 여호와께 헌신하게 되었느니라, 그가 너희에게 복을 내리 시리라(출 32:29)"라며 축복을 빌어줍니다.
레위 지파의 장자 명분은 이 사건을 통해 세겜에서 잘못을 용서받아 권한을 받지 않았을까? 라고 생각해 봅니다. 그러나 그 용서는 완전한 것이 아니었습니다. 다른 지파처럼 땅을 받은 것도 아니고 오로지 하나님을 위한 성막에서 봉사를 해야 했습니다. 또한, 야곱의 저주대로 그들은 가나안 땅에 들어갔을 때 여섯 개의 도피성 – 우발적 살인자가 몸을 피한 성 – 을 담당하게 되어 뿔뿔이 흩어지게 되죠.

∞ 불순종에 대한 심판 ∞

광야 생활 동안 이스라엘 백성의 죄악에 대한 대가는 불순종에 대한 심판이 가장 큽니다.
이 중 하나님의 통치 질서에 반하여 받은 심판은 「금송아지 사건」과 「지팡이 사건」이죠.
금송아지 사건은 우상에 관한 죄악이며, 지팡이 사건은 권위에 대한 도전이었습니다.

우리를 위하여 우리를 인도할 신을 만들라(출 32:1).

위 구절은 이스라엘 백성이 아론에게 신을 만들라고 요구했던 말입니다. 「금송아지 사건」의 시발점이죠.

백성은 십계명을 받으러 간 모세가 돌아오지 않자, 신을 만들어 기도하겠다고 결정합니다. 아론은 군중의 성화에 못 이겨 결국 금붙이를 모아 금송아지를 만들게 됩니다.

하나님은 이 모습에 그들을 진멸하려 하는데, 모세의 간청으로 참습니다. 그 후 산에서 돌아온 모세는 아론을 질책하고, 금송아지와 연루된 백성 삼천 명을 죽이고 하나님께 속죄하죠. 모세가 잔인해 보일 수 있지만, 한편으로 그가 지혜로운 지도자임을 하나님과 대화 속에서 확인할 수 있습니다.

그들을 진멸하고 너를 큰 나라가 되게 하리라(출 32:10).

위 말씀대로라면 하나님은 백성을 멸하고 모세를 통해 다시 나라를 세우려 하셨습니다. 그러나 모세는 하나님께 "애굽 사람이 자기 백성을 진멸하는 악한 의도로 인도했다."라는 오명을 쓰시겠냐며 화를 누그러트립니다. 그리고 자신이 시내산에서 내려가 레위 시파와 함께 백성을 숙청한 것이죠. 하나님이 민족을 진멸하지 못하도록 먼저 나선 것입니다.
어찌 되었든 이 사건은 하나님의 계명을 받는 시점에 벌어졌습니다. 모세 입장에서 가슴 벅찬 순간이 참담하고 두려운 기억으로 남게 된 것이죠.

「지팡이 사건」의 시발점은 레위의 손자 고라를 중신으로 「다단, 온이 지휘관 이백오십 명과 함께 반란을 일으킴에서 시작됩니다.

회중이 다 각각 거룩하고 여호와께서도 그들 중에 계시거늘 너희가 어찌하여 여호와의 총회 위에 스스로 높이느냐(민 16:3).

위 구절은 반란한 사람들이 어떤 마음을 가졌는지 알 수 있는 말입니다. 그들은 모세와 아론이 아니더라도 다른 사람을 통해 하나님과 상대할 수 있다고 생각했습니다.
그들의 불손한 행동에 모세는 무력으로 제압하지 않습니다. 각자 향로를 들고 하나님이 누구를 택하셨는지 그 앞에 서보라는 말로 대신하죠. 모세의 말을 듣고 그들이 회막문 앞에 서자 하나님은 땅을 열어 그들의 제물을 삼키고 이백오십 명을 불사릅니다. 고라 일행의 반란을 하나님께 도전하는 것으로 간주한 것입니다. 스스로 '거룩하다.'라고 평가하고 하나님의 대리자를 인정하지 않았기 때문이죠.

교회에서 직분을 부여받는 것은 '섬기라' 는 희생과 봉사의 뜻을 담고 있습니다. 모세도 40년간 하나님을 섬겼습니다. 수백만 명을 책임지면서 개인적인 혜택을 바라지 않았죠. 고라의 반란은 오늘날 우리에게 시사하는 바가 큽니다. 교만과 질투심에 섬김의 의미를 잊고 살아가고 있지 않은지 말이죠.

하나님은 그들을 심판하는 것에 그치지 않고 '택했느냐'의 논란을 잠재우기 위해 백성에게 분명한 징표를 남깁니다.

각 조상의 가문을 따라 지팡이 하나씩을 취하되 증거궤 앞에 두라 내가 택한 자의 지팡이에는 싹이 나리라
(민 17:2~4).

하나님은 각 지파의 지휘관 지팡이에 이름을 쓰게 하고, 레위 지파는 아론의 이름을 쓰게 한 후 증거궤 앞에 두라 하죠. 이튿날 모세가 열두 개의 지팡이를 확인하러 가보니 아론의 지팡이에만 꽃이 피고 열매가 맺음을 보게 됩니다.

모세는 모든 지팡이를 백성 앞에 가져다가 보이며 아론이 하나님으로부터 선택받음을 분명히 합니다.

그리고 하나님의 명령대로 아론의 지팡이는 증거궤에 두고 영원히 보관하게 하죠.

아론의 지팡이를 증거궤에 둔 것은 '반역에 대해 영원히 기억'하고 조심하라는 의미가 담겨 있습니다. 한편으로 모세의 지팡이처럼 '선택한 자에 대한 권위'의 상징을 담고 있죠. 이것은 권위에 도전하지 말라는 경고의 뜻이기도 한 것입니다.

우상숭배는 하나님이 수차례 경고하시면서 그때마다 반드시 심판을 내리셨습니다. 십계명을 받는 그 순간 우상을 만든 백성두 예외는 아니었죠. 한편, 제사장은 하나님으로부터 기름 부음을 받은 선택된 자입니다. 아론의 지위를 인정하지 않는 것은 하나님에 대한 도전이라 볼 수 있었죠.

- 발걸음을 맞춰가는 여정 -

하나님이 그 나라의 백성을 준비시키는 과정은 〈출애굽기〉와 〈민수기〉를 보면 치밀함을 알 수 있습니다.
백성을 이끌 지도자를 준비시키고 생존에 필요한 음식과 물이 끊이지 않게 합니다.

그리고 두 번의 인구조사로 지파별로 인원을 편성하여 군대를 조직하고, 정착할 땅을 분배하기도 합니다. 또한, 노예 생활의 불규칙성과 신앙심을 바로 잡기 위해 십계명과 율법을 가르칩니다.
하나님과 발걸음을 맞춰 걷도록 연습을 시키면서 광야 길을 인도하신 것입니다.

물론 그 과정에서 죄악에 대해 강한 심판을 내리기도 하죠. 그러나 그 심판이 없었다면 이스라엘 백성은 정체성을 확립하지 못한 채 떠돌이 유목민으로 전락했을지 모릅니다.

3_
제사장과 율법의 울타리

'백성이 지켜야 할 약속'

〈레위기〉와 〈신명기〉는 하나님의 백성으로 신분이 거듭난 그들이 율법을 지키고 살아가라는 데 초점이 있습니다. 두 책은 시기적으로 차이가 있지만, 율법이라는 점에서 같은 책을 보는 느낌이 들죠.

그리고 딱딱한 문장과 오늘날 적용되지 않는 말씀 때문에 두 책은 성경에서 잘 읽히지 않는 책이기도 합니다.

하지만 두 책에 나오는 말씀을 지나칠 수 없습니다. 하나님이 백성에게 요구하는 사회 · 종교 · 생활방식 등이 기록되어 성경 전반에 연관되기 때문이죠.

유사성을 지닌 〈레위기〉와 〈신명기〉를 비교해 보면 두 가지 차이점이 있음을 알 수 있습니다.

첫째, 시대적으로 〈레위기〉는 광야 생활을 한참 하던 때였으며

〈신명기〉는 광야 생활 끝자락에 기록되었습니다.
둘째, 내용 면에서 〈레위기〉는 제사장이 지켜야 할 법도나 제사 방식이 주류를 이루고 있습니다. 반면 〈신명기〉는 백성이 지키고 행동해야 할 규범으로 구성되어 있죠.
40년간 광야에서 생활한 백성임을 고려한다면, 〈신명기〉는 2세대를 위한 말씀이라 봐도 무방할 것입니다. 가나안 땅에 들어간 것은 부모 세대가 아닌 광야에서 태어난 2세대였음에서 충분히 예상할 수 있죠. 그리고 그들에게 하나님의 말씀을 반드시 지킬 것을 강하게 표현하고 있습니다.

이번 장에서는 두 책에 자주 등장하는 제사장의 역할과 율법에 대해 알아보고자 합니다.
하나님이 이 땅의 통치자로서 율법을 가르쳐 온전한 백성으로 거듭나도록 끊임없이 말씀하심을 이해해 보는 것이죠.

∞ 기름 부음 받은 제사장 ∞

〈레위기〉는 하나님께 어떤 제사를 드리는가?에 대한 얘기로 구성되어 있죠. 그러다 보니 읽어 나갈 때 까다로우면서 지치게 하기도 합니다.
특히, 성경 통독을 목적으로 한 경우 첫 번째 위기의 책이기도 합니다. 왜 그럴까요? 〈레위기〉는 익숙하지 않은 용어와 해석이 어려워 이해하기 어렵기 때문이죠.
하지만 오늘날 우리가 구약시대 백성처럼 제사를 지내지 않음에 목적만 이해하면 어려운 책은 아닙니다.

〈레위기〉의 테마는 「제사의 목적」과 「제사장의 역할」로 구분되어 있습니다. 백성이 제사를 왜 지내는가? 와 제사장이 중보자로서 어떤 역할을 하는가?를 이해하면 됩니다.
이 두 가지만 기억하고 읽어보면 〈레위기〉를 알아가는데 부담감은 줄어들죠.

첫 번째 「제사의 목적」은 하나님에게 어떨 때 제사 드리는 것인가?에 대한 문제입니다. 이는 죄에 대한 용서와 감사로 구분됩니다. 그래서 죄를 인정하고 회개할 때는 속죄제를, 다른 사람에게 해를 입히면 속건제를 드립니다.
죄를 반복하지 않기 위한 다짐이죠.

> 이는 번제와 소제와 속죄제와 속건제와 위임식과 화목제의 규례라(레 7:37).

또한, 감사의 의미로 소제 – 곡식 – 를 드리고, 공동체와 화합의 의미로 화목제를 드리는 것으로 구분됩니다.
제사는 하나님과 인간이 만나는 방법의 하나였습니다. 지은 죄를 자백하여 용서받고 감사의 마음을 하나님께 전하는 것이죠. 하나님은 제사를 통해 인간과 교감 – 죄를 씻고 다시 설 기회를 줌 – 하고 많은 사람이 알게 하여 교훈으로 삼게 한 것입니다.

오늘날 우리는 구약의 시대처럼 제사 드리는 복잡한 절차를 할 필요가 없습니다. 예수님을 통해 죄를 회개하고 때론 공동체의 어려움을 중보기도로 하나님께 드릴 수 있기 때문이죠.

그러나 제사는 아무나 드릴 수 없었습니다. 제사장을 통해 그 방법과 절차를 지키도록 했습니다. 이는 하나님과의 소통은 기름 부음 받은 제사장뿐임에 정당성을 부여한 것이죠.
'기름 부음을 받았다'라는 것은 구별되었음을 뜻합니다.
제사의 제물에 기름을 부었던 것처럼, 인간이 기름 부음 받은 것은 하나님과 소통의 대상자가 된 것을 말합니다.
그래서 부여받은 능력으로 복음의 사역과 선한 삶을 요구받죠. 그렇게 선택받은 제사장이나 왕이 하나님의 명령을 감당함으로 선한 영향력이 전해지게 되는 것입니다.

두 번째 「제사장의 역할」은 성막 일 외에 공동체 위생과 보건에 관한 예방과 진단자 역할도 합니다.
당시에는 의료 기술이 뛰어나지 않았습니다. 그래서 질병이 발생하면 개인의 잘못에 대한 신의 심판으로 치부하여 치료는 오롯이 개인의 몫이었죠.
하지만 광야에서 공동체 생활은 수많은 사람의 생명과도 직결됨에 질병의 판단과 조치는 무엇보다 중요했습니다.
그래서 제사장을 통해 질병을 어떻게 조치할 것인가?를 〈레위기〉 12장부터 15장에서 말씀하십니다.
여기에는 나병, 유출병, 곰팡이 등 집단생활에서 발생할 수 있는 질병이 전염되지 않도록 조치 방법을 세밀하게 기록하고 있습니다. 나병과 같은 영적·육체적인 질병을 그대로 두었다면 공동체가 비이성적인 행위 - 살인으로 이어지는 계기 - 로 생명을 함부로 다룰 수 있었기 때문이죠.

광야 시절 제사장은 율법가, 재판관, 의사 등의 역할을 소화해 낸 사람이었습니다. 하나님과 직접 소통함으로 죄에 대한 회개, 질병으로부터 보호까지 기준을 제시하는 리더였던 것이죠. 아마 제사장을 통해 질서가 잡히지 않았다면 수백만 명의 사람이 공동체 안에서 많은 혼란을 겪었을 것입니다.

이러한 제사장의 역할은 훗날 예수님이 인간의 죄를 대속하시고 부활Resurrection 하심으로 그 역할은 끝 - 너희는 왕 같은 제사장이요, 이제는 하나님의 백성이요(벧 2:9~10) - 이 납니다.

이때부터 인간은 직접 하나님께 회개하고 기도할 수 있게 된 것이죠.

우리는 하나님이 우리의 편이 되어 달라고 기도할 때가 있습니다. 이 기도를 드릴 때 우리가 꼭 생각해야 하는 것은 하나님은 편을 드시는 분이 아니라 의를 이루시는 분이라는 것입니다. 우리가 하나님의 소유로 그 편에 섰을 때 나와 함께 싸우시면 방패가 되어주십니다.

∞ 생활 속 질서는 율법으로 ∞

〈신명기〉는 반복적인 율법의 기록이라 해도 과언이 아닙니다. 〈창세기〉부터 줄 곳 하나님이 말씀하신 것을 모세가 죽기 직전에 한 번 더 언급하기 때문이죠. 무언가 반복한다는 것은 그만큼 중요하고 잊지 말아야 하기 때문입니다.

생각해 보면 학교에서 선생님이 시험 범위를 알려줄 때 반복해서 강조했던 부분이 있습니다. 그리고 반복된 말은 시험에 항상 나오곤 했죠. 시험에 나올만한 중요한 것이었기 때문에 학생들에게 약간의 힌트를 준 것이죠.

옛날을 기억하라 역대의 연대를 생각하라(신 32:7).

모세도 가나안 입성을 목전에 둔 2세들에게 하나님의 말씀을 반복해서 알려줍니다. 때론, 이전에 있었던 일을 보충해서 설명해 주기도 하죠. 왜 기억하라 했을까요? 출애굽 후 40년이 지난 시점에서 초기 부모 세대는 모두 죽고 후손들이 가나안에 들어가 정착해야 했기 때문입니다.

부모들이 하나님에게 불순종하여 겪었던 노여움을 직접 겪어보지 못해 얼마나 무서운지 잘 모르기 때문이죠. 그래서 2세대가 하나님이 규정한 질서를 잊지 않도록 율법을 반복해서 말하고 있습니다.

〈신명기〉에서 반복되는 율법은 12장부터 22장까지가 핵심적으로 기록되어 있습니다. 그런데 읽다 보면 많이 들어본 듯한 느낌이 듭니다. 이는 십여 장에 걸친 율법이 십계명 – 신명기 5장에 십계명이 언급되어 있다 – 과 유사하기 때문이죠. 본문에 나와 있는 율법을 몇 가지 정리해 보면 잘 알 수 있습니다. 예를 들어 12장 29~32절에 땅을 차지할 때 다른 신을 섬기지 말라 합니다. 이는 첫 번째 계명인 '나 외에는 다른 신을 두지 말고 우상을 섬기지 말라'는 말씀과 일맥상통하죠. 또한, 22장 1절에는 '형제의 소나 양이 길을 잃어버렸을 때 찾아주어 돌려주라'합니다. 열 번째 계명인 '네 이웃의 집을 탐내지 말라'라는 의미를 같이하고 있습니다.

모세가 이처럼 가나안 입성을 목전에 두고 말씀과 율법을 반복한 것은 '순종과 감사'의 의미도 담겨 있었습니다.
생각해 보면 그들은 40년간 광야에서 많은 은혜를 입었죠.
'물이 없다.'하면 물을 주셨고, '음식이 없다.'외치면 만나와 메추라기를 주었습니다. 또한, 길이 없으면 길을 만들어 - 홍해를 가름 - 주었고 군대가 없어도 이방 민족과 싸워 이기게 했죠. 말이 좋아서 광야지 사막 같은 곳에서 40년을 떠도는 것은 인간의 능력으로 불가능 한 것입니다. 그러나 이스라엘은 하나님이 동행하심으로 긴 세월을 견딜 수 있었죠. 모세는 그 사실을 잊지 말고 하나님께 순종하며 감사하는 삶을 살라며 말씀을 반복한 것입니다.

철학자 칸트는 기억에 대하여 이렇게 설명했습니다.
"방법적으로 무엇인가를 붙잡아 둠은 기억함이라고 일컫는다. 이러한 기억함은 기계적이거나 기교적일 수 있다. 기계적인 것은 순전히 빈번한 문자적인 반복에 의거한다."라고 말이죠. 모세는 율법의 중요성을 기억하도록 마지막 순간까지 반복해서 백성들을 가르칩니다. 이렇게라도 하지 않으면 그들이 하나님과 동행한 세월을 잊고 말씀을 떠나 살 것을 우려한 것이죠.

부모가 등교하는 아이에게 길을 건널 때 좌우를 살피라며 매일 반복적으로 말합니다. 그 말에 건성으로 '네'라고 대답하는 아이는 언제부터 횡단보도를 건널 때 좌우를 살피는 습관을 갖게 되었습니다. 반복 교육의 효과죠.

모세가 율법을 마칠 때 이스라엘 백성은 말씀에 대한 선택의 문제 - 들을 것이냐 말 것이냐 - 만 남았을 것입니다.
어떤 이는 한숨이 나오기도 했을 것이고 어떤 이는 감동에 벅차오르기도 했겠죠. 그런데 분명한 것은 그들에게 율법은 선택의 문제가 아니었습니다. 반드시 지켜야 할 하나님의 명령이었죠.

- 율법안에서 살아가라 -

〈레위기〉와 〈신명기〉에는 제사장과 율법을 통해 백성이 그 나라에서 지켜야 할 기본적인 생활 질서를 정의하고 있습니다.
이것은 이스라엘이 노예에서 하나님 나라의 백성으로 신분이 변하였음을 분명히 알라고 가르치신 것입니다.
특히, 〈신명기〉에서 언급한 율법은 신약을 읽어 나갈 때 종종 인용되는 말씀이기도 합니다. 하나님이 백성을 향해 하신 말씀이라 권위와 의미가 높은 것이죠.
바울도 선교여행에서 율법을 인용하여 많은 사람을 깨닫게 합니다. 그가 바리새인으로서 율법을 많이 알았음에 사람들에게 설득력 있게 말할 수 있는 원동력이 된 것이죠.'옛것을 통해 배운다,' 라는 말이 있습니다.
신문물과 새로운 이론이 쏟아져도 과거를 통해 배울 것은 배워야 하죠.

하나님 백싱으로 신분이 변한 이스라엘에게 율법은 하나님과의 약속이었습니다. 이는 광야 시절을 기억하며 그 울타리 안에서 명령을 지켜 악으로부터 멀어져 살라는 것이죠.

Part 2
왕의 질서

주의 얼굴을 들어 우리에게 비추소서

(시편 4:6)

1_

새 질서의 초석 다윗

'기름 부음 받은 왕의 세상'

이스라엘의 많은 죄악으로 하나님이 백성에서 나타나지 않는 동안 사사judge - 정치 및 군사적 지도자 - 를 세워 통제하게 합니다. 그러나 백성은 여기에 만족하지 못하고 자신들의 왕을 세울 것을 요구하죠.

그들의 요구를 하나님은 수용하면서 사울을 이스라엘 왕으로 세웁니다. 왕의 등장은 사사 시대를 끝내며 새로운 질서가 도래됨을 얘기합니다. 그전까지 기름 부음받은 '제사장과 율법'을 통해 백성이 통제되었으니까요.

그러나 이후부터는 기름 부음 받은 '왕과 선지자'를 통해 하나님이 말씀하십니다. 말씀을 듣고 행하는 대상은 바뀌었어도 변하지 않는 것은 하나님께 속한 자 - 기름 부음 받은 자 - 를 통해 다스리십니다.

기름 부음 받은 왕 중에 성경에서 많은 부분을 차지하는 사람은 다윗[David] 입니다. 그의 이야기는 〈사무엘 상〉과 〈시편〉에 주로 다뤄집니다. 특히, 〈시편〉은 다윗이 하나님을 경외하는 마음을 담은 기도와 찬양의 글로 이루어져 고난과 고통에서 빛을 발휘하죠.

하나님이 다윗을 선택할 때 그의 중심을 보셨습니다.
인간이 보는 외모가 아니라 마음을 보고 그를 선택하신 것이죠.
통상 인간은 어려움에 부딪히면 기도로 구원을 말하다가 원하는 시간에 이루지 못하면 원망하며 돌아서게 됩니다.
그런데 다윗은 그의 삶이 전쟁으로 물들어져 있었음에도 하나님을 원망하지 않습니다. 오히려 구원하실 것을 믿고 기도했죠. 그럴 때마다 하나님은 그의 기도를 듣고 어려움을 헤쳐 나가게 합니다. 단순히 그를 선택 해서의 문제가 아니라 그의 믿음을 높이사 늘 함께한 것이죠.
하나님의 선택은 틀리지 않았습니다. 그는 죽는 그 순간까지 평생 하나님만 바라보며 살다 떠납니다.
그의 절대적인 하나님에 대한 믿음은 〈시편〉의 많은 글을 통해 확인해 볼 수 있습니다.

이번 장에서는 하나님이 다윗을 보며 택한 중심의 의미를 되새겨 보고 하나님의 사랑을 받는 그의 믿음의 과정을 알아보겠습니다. 그 여정에서 전쟁과 투쟁으로 얼룩진 그의 삶 속에 하나님이 어떤 존재였는지도...

∞ 왕을 요구하는 백성, 초대 왕 사울 ∞

가나안 땅을 정복한 이스라엘은 세월이 흐르면서 하나님에 대한 기억마저 흐릿해져 갑니다.

그들은 우상을 숭배하고 급기야 자신들을 위한 왕을 세울 것을 결정하죠. 인간의 생각으로 왕을 세우려 할 때 사무엘 - 이스라엘 마지막 사사 - 은 그들을 크게 꾸짖고 경고합니다. 그 이유는 왕을 세우는 것은 하나님을 버리고 인간을 따르겠다는 말이기 때문이죠. 이는 애굽에서 구원하신 하나님을 믿지 않겠다는 의미가 담긴 것이라 할 수 있습니다.

> 너희의 아들들을 데려다가 그의 병거와 말을 다루는 일을 시키고 (중략), 그의 종이 될 것이다(삼상 8:10~17).

한편, 사무엘은 왕을 세우는 것은 전쟁 · 재산 · 노동 등에서 자유를 빼앗겨 불평등이 도래될 것을 얘기합니다.

동등한 민족 - 똑같은 아담의 후손 - 에서 계급구조의 질서로 변하는 것이죠. 그런데도 이들은 왕을 요구합니다.

이민족과 싸움을 지휘할 사람이 필요했던 것이죠. 당시 하나님의 부재 - 사사를 통한 구원만 하던 시대였음 - 가 그들에게 큰 위기였던 것이었습니다. 그들의 선택에 하나님은 사무엘을 통해 사울을 초대 왕으로 세울 것을 결정합니다.

사울은 성경에서 외모가 준수하고 이스라엘 평균 남자보다 키가 큰 소년이라고 말합니다. 또한, 아버지의 잃어버린 나귀를 찾아다닐 만큼 충성심과 집중력도 갖춘 사람이었죠.

하나님은 그런 사울이 사무엘을 만나도록 인도합니다.
사무엘은 백성의 존경을 받는 지도자였음에 노년에 임무를 이어갈 사람이 필요했습니다. 특히, 그의 아들들이 타락했었기에 왕을 요구하는 백성에게 사울은 준비된 사람이었죠.

> 내가 사울을 왕으로 세운 것을 후회하노니 그가 돌이켜 나를 따르지 않으며 내 명령을 행하지 아니하였음이라
> (삼상 15:11).

사울에 대한 하나님의 보호는 그리 오래가지 못합니다. 그가 명령을 어김으로 하나님은 매우 유감스럽게 생각하시죠.
그의 잘못을 살펴보면 크게 세 가지로 요약됩니다.
첫째, 하나님의 존엄성을 무너트립니다. 사울은 한때 겸손한 사람이었습니다. 그래서 사무엘은 만찬 자리에서 상석에 앉게 하고 하나님께 드리는 제물 중 제사장의 몫인 넓적다리와 그 기름을 나눠 먹었습니다. 하지만 사울은 그 마음을 지키지 못합니다. 제사장의 음식을 함께 먹으며 높임 받던 그의 겸손함은 스스로 제사장이 되어 제단에 서게 되죠.
당시에는 전쟁에 나가기 전 제사장을 통해 하나님께 제사를 드리고 출정하던 시대였습니다. 그런데 한 전쟁에서 사울은 사무엘이 도착하지 않자 스스로 제사 드리고 전쟁 - 백성이 흩어지자 두려워함(삼상 13:8) - 에 임합니다. 하나님께 묻지 않고 금지했던 제사장의 권한을 넘본 것이죠. 뒤늦게 도착한 사무엘은 사울의 이런 행동을 매우 꾸짖습니다.
둘째, 하나님의 명령을 어깁니다. 하나님은 아말렉과의 전쟁에서

그들의 모든 것을 멸하라 합니다. 아말렉은 출애굽 초기 이스라엘을 공격했던 족속입니다. 그래서 반드시 멸족하라 지시했던 것이죠. 그러나 사울은 그 과정에서 가치 있는 짐승은 살려둡니다. 재산 가치가 있는 전리품을 남겨둔 것이죠. 사울은 아말렉의 좋은 짐승을 남겨 제사에 사용하는 것이 좋아 보였던 모양입니다. 그의 잘못된 행동에 대해 사무엘이 이유를 묻자, 그는 변명만 늘어놓고 반성할 줄 몰랐습니다. 이런 그에게 '하나님은 제사보다 순종(삼상 15:22)을 좋아하신다.'는 것을 경고하며 그를 질책합니다.

〈에스더〉 4장 2절을 보면 바사에서 포로로 있던 모르드개가 당시 총리인 하만에게 머리 숙이지 않자 죽이기로 작정하는 장면이 나옵니다. 모르드개는 사울의 후손이었으며, 하만은 아말렉 족속의 후손이었죠. 모르드개는 이스라엘 민족임을 당당히 밝히고 맞서 싸워 이깁니다.
조상으로부터 교훈을 얻었던 것이죠.

셋째, 자신의 업적을 남기는 행위를 합니다.
하나님은 자신의 형상도 만들지 말라며 십계명에 새겨 주신 분입니다. 그런데 사울은 승전의 기록을 남기기 위해 갈멜에 승전 기념비를 남기는 행위를 합니다. 왕으로서 만족한 삶을 찾기 시작하면서 자신을 전면에 내세우는 행위를 한 것입니다. 자신을 왕위에 누가 세웠는지 잊은 행동이죠.
결국, 사울은 하나님께 버림받고 블레셋과 전쟁에서 죽음을 맞이합니다. 그때 그의 죽음을 지켜보며 그 왕관을 취하여 다윗에게 찾아온 청년은 아말렉 사람이었습니다. 순종을 가볍게 여긴 그의 삶에 시시한 바가 크죠.

천주교의 성인이라 불리는 어거스틴 주교는 "주여! 내 영혼이 당신의 품 안에 안식할 때까지 내 영은 안식할 수 없나이다."라는 말을 했습니다.

이 말을 생각해 보면 '편안하게 쉴 수 있다는 것은 주님 안에서 가능하다.'라는 결론에 도달함을 알 수 있죠. 우리가 신앙을 고백하고 하나님을 외쳐 부르는 것은 구원받고자 함입니다.

그러나 사울은 어땠습니까? 하나님의 품이 아니라 자기만족과 맞바꾸었습니다.

사울의 자기만족은 단기간에는 행복을 주었지만, 결국 그는 하나님께 버림받는 왕이 되죠.

마음을 먹는 것보다 중요한 것은 마음을 지키는 것입니다. 진정한 왕의 자질은 누군가를 다스릴 만한 능력이 아닌 자기 마음을 지키고 다스릴 수 있는 사람이 되는 것에 있는 것이죠.

오늘날 우리도 사울처럼 어쩔 수 없는 문제에 휘말리거나 곤란한 상황에 직면할 때가 있습니다. 이것은 사탄이 우리가 통제하지 못하는 문제로 삶을 흔들고 괴롭게 하기 때문이죠. 그리고 혼자라는 사실을 마음에 넣어 어려움에 빠진 사람들에게 살며시 찾아옵니다. 그때 삶은 정말 위태로워지죠. 하지만 하나님은 성도들에게 혼자가 아님을 알려주셨음을 알아야 합니다. 아담에게 하와를 주셨던 것처럼 우리 곁에 하나님이 함께하실 것을 약속하셨죠.

사울처럼 공동체에서 어려움에 직면한 사람이 있다면, 우리는 그를 혼자 두면 안 됩니다. 함께 이겨나가게 하는 것이 하나님이 우리 곁에 누군가를 남겨주신 이유이기 때문이죠.

허락하는 마음에는 부모의 모든 마음이 반영되어 있지는 않습니다. 마지못해서 하시는 염려가 왕의 제도를 구하는 이스라엘 백성들을 향해 있습니다. 왕의 제도는 결국 자신을 종이 되게 할 것이라고 하나님은 경고하십니다. 권력은 끊임없이 교만과 탐욕을 불러와 대중을 통제하려 하기 때문이죠.

∞ 사랑받을 수밖에 없는 다윗 ∞

‖ 오직 믿음으로

사울을 대신할 왕을 선택하기 위해 사무엘이 이새의 집에 갔을 때 첫째 아들 엘리압의 외모에 감탄합니다.
그가 사울을 대신할 왕처럼 보였던 것이죠. 그러나 하나님은 사무엘에게 왕을 뽑는 기준을 아래와 같이 제시합니다.

> 내가 보는 것은 사람과 같지 아니하니 사람은 외모를 보거니와 나 여호와는 중심을 보느니라(삼상 16:7).

왕의 기준에 '중심'이라니 무엇을 말하는 것일까요?
사전적 의미로 중심은 사물의 가운데를 뜻하는데 이것을 사람에 대입해 보면 마음이라 할 수 있습니다.
마음에는 악이 쌓이기도 하고 선한 양심이 움직이는 일도 생깁니다. 그곳에는 감정이 일어나고 휩싸여 통제 불능 상태가 되기도

합니다.
〈시편〉 51장 6절에 "주께서는 중심이 진실함을 원하시오니"라는 말이 있습니다. 진실은 모든 관계를 연합하게 하는 용기입니다. 하나님은 진심을 담은 온전한 마음을 원하신 것이라 할 수 있죠. 사무엘이 외형이 준수했던 사울이나 다윗의 형제를 보고 감탄하지만, 하나님은 내면이 중요함을 강조하신 것입니다.

> '빛 좋은 개살구'라는 속담이 있습니다. 겉으로 보기 좋으나 내실 없는 것을 말하죠. 역사적으로 화려했던 제국의 멸망을 말할 때 간신, 외세의 침입 등의 이유를 듭니다. 하지만 근본적인 원인은 민심과 사회 현상은 들여다보지 못한 무지하고 무능력한 왕의 통치력이었습니다.

목동이었던 다윗을 택한 하나님의 결정은 그가 왕위 되기 전부터 빛을 발합니다. 블레셋의 거인 장수 골리앗의 위협에 아무도 대적하지 못할 때, 작은 체구의 다윗이 물맷돌 - 목동의 유일한 무기 - 로 단번에 제압하죠.

> 여호와의 구원하심이 칼과 창에 있지 아니함을 이 무리에게 알게 하리라(삼상 17:47).

처음 다윗이 등장할 때 군영에서 무모하다 했지만, 그는 "살아 계시는 하나님의 군대를 모욕했다."라며 당당히 맞서 싸워 이깁니다. 그의 승리는 이후 수많은 전투의 승전보로 이어지고 급기야 백성은 다윗을 칭송하기에 이릅니다.
다윗과 골리앗의 싸움에서 승리한 다윗의 손에는 칼이 없었습니다. 자신의 손에 익숙한 도구를 들고 싸워 이겼죠.

이것은 목동 생활에서 양을 해치려는 곰에게 그랬듯, 물맷돌을 던져 골리앗을 제압한 것입니다. 하나님은 그의 재주와 믿음을 보고 다윗을 선택하셨던 것입니다.

철학자 키에르케고르는 "기도는 하나님을 변화시키는 것이 아니라 자신을 변화시키기 위해서 한다."라는 말을 했습니다. 다윗은 하나님이 함께하리라는 것에 확신이 있었기에 어떠한 전쟁에서도 늘 기도하며 당당하게 맞서 싸워 이겨냅니다. 그리고 승리의 영광을 하나님께 돌림으로 중심은 더욱 단단해지고 축복은 배가 됩니다.

다윗은 사울에 비해 보잘것없는 목동이었습니다.
그러나 하나님은 그의 중심만을 보고 왕으로 선택하십니다.
외모, 직업 등은 부질없는 것이었죠. 오직 진실된 마음만이 하나님께 통한 것입니다.

‖ 불행 앞에도 잃지 않는 믿음

다윗의 왕이 되는 과정은 단번에, 쉽고, 평탄하게 이루어지진 않습니다. 하나님의 사랑에도 그가 왕이 되는 과정은 투쟁의 연속이라 해도 과언이 아니었습니다.
그가 백성들로부터 칭송받기 시작할 때부터 사울이 다윗을 죽이려고 수차례 시도합니다. 심지어 그는 다윗에게 자기 딸을 시집보냈음에도 죽이려는 행위를 그치지 않죠.

> 그들이 내 걸음을 막으려고 그물을 준비하였으니 내 영혼이 억울하도다(중략), 그들이 나의 생명을 해하려고 엎드려 기다리고 나를 치려 하오니(시 57:6, 59:3).

위 구절은 다윗이 생명의 위협 앞에 - 사울을 피해 굴에 숨어있을 때와 집 앞에 군사들이 왔을 때 - 하나님께 고백한 말입니다. 그런데 다윗은 하나님께 보호해 달라는 탄식의 목소리만을 내뱉진 않습니다. 수천 명의 군사에게 쫓기는 상황에서 자신의 마음을 정돈하고 오히려 하나님을 찬양하는 고백 - 내 마음이 확정되었사오니 노래하고 찬송하리다(시 57:7) - 을 하죠.
두려움 앞에 하나님을 믿고 앞으로 나아간다는 것입니다.

〈시편〉 57장과 59장은 다윗의 하나님에 대한 확실한 믿음에 대한 찬양과 기도의 마음이 담겨 있습니다. 그는 하나님과 영적 교감을 나눌 때 자신이 처한 현실을 탄식만 하는 것이 아니라 '그렇게 해주실 것을 믿고 기대어'기다릴 줄 알았습니다. 다윗의 기도는 열등감으로부터 자유를, 두려움 앞에서 담대함을, 부당한 대우 앞에서는 인내를 가능하게 한 하나님의 도움이었습니다. 사울이 자신을 떠난 하나님을 대신해 무당을 찾아가 살길을 모색했던 것과 매우 대조적이라 할 수 있죠. 기도는 우리가 처한 가장 큰 문제인 죄에서 자유롭게 합니다.

철학자 아리스토텔레스는 '불행은 진정한 친구가 아닌 자를 가려준다.'라는 말을 했습니다. 그러나 당시 다윗은 사울에게 쫓기면서 친구를 가릴만한 기반 - 왕이 되기 전에는 양치기였다 - 이 구축

되어 있지 않았습니다. 아무도 도와주지 않는 상황에서 다윗이 할 수 있는 것은 오직 하나님께 드리는 기도밖에 없었습니다. 그 믿음 하나만으로 고난과 역경에 맞서 다윗은 왕이 되기 위한 준비 과정을 이겨낸 것입니다.

다윗은 사울 왕으로부터 쫓기는 과정에도 하나님이 구원하실 줄을 믿으며 의지했습니다. 어려운 역경에도 흔들리지 않는 믿음은 우리에게 경각심을 울립니다.

‖ 죄 앞에 엎드리는 순종

생사를 넘나드는 시간 끝에 다윗은 왕이 됩니다. 그리고 하나님에 대한 믿음을 굳건히 하며 주변국과의 전쟁에서도 승리를 이어나가죠. 하지만 그런 다윗에게도 위기가 닥칩니다. 옥상을 거닐던 중 우연히 목욕하던 여인을 만나게 됩니다. 부하 장수인 우리아Uriah의 아내 밧세바 - 훗날 솔로몬을 잉태 - 였죠. 다윗은 그 여인의 아름다움에 빠져 간통의 범죄를 저지르게 됩니다. 그리고 이를 은폐하고자 다윗은 우리아를 전장에서 죽이기까지 합니다. 나라의 부강은 다윗에게 자신감을 주어 욕망을 품게 하고 하나님이 지켜보고 계심을 잊게 합니다. 하나님은 이것을 질책하고자 선지자 나단 - 솔로몬 시대까지 활동 - 을 보내는데 이때, 다윗은 납작 엎드려 죄를 회개합니다.

> 나는 내 죄과를 아오니 내 죄가 항상 내 앞에 있나이다 주의 목전에 악을 행하였사오니(시 51:3~4).

〈시편〉 51장은 다윗이 밧세바를 간통한 후 나단이 찾아왔을 때 하나님 앞에 고백한 말입니다. 자신의 죄를 자복하고 하나님 앞에 용서와 자비를 바라는 고백이죠. 과거 사울의 잘못에서 알 수 있었듯 자신에게서 성령^Spirit이 떠날 것 – 사탄이 씌게 됨 – 을 두려워하며'성령을 거두지 마소서'라며 애원합니다.

> 우슬초로 정결하게 하고 기쁜 소리를 들려주시고 주의 얼굴을 자신의 죄에서 돌이키시고 내 모든 죄악을 지워 주소서
> (시 51:7~9).

위 구절을 보면 다윗이 하나님 앞에 엎드려 죄악에 대한 용서를 빌고 있는 노심초사한 마음을 느낄 수 있습니다.
'우슬초'는 정결 의식 – 나병 환자 완치 등 – 에 쓰인 식물로 다윗은 자신을 정결하게 하여 새롭게 태어나도록 하나님께 애원합니다. 또한, '주님의 얼굴을 죄에서 돌이켜 달라'라며 용서와 구원을 간절히 바라죠.

다윗이 죄를 인정하고 바른길로 돌아와 〈시편〉에서 보여주는 그의 신앙고백은 많은 울림을 안깁니다.
하나님 앞에 죄에 대한 회개와 반성은 나의 신분에 상관없이 자신을 철저하게 낮춰 자복해야 하는 것이죠.

다윗의 중심에는 하나님이 있었지만, 그 마음을 갖고 있다고 모든 것이 용서되지 않습니다. 잘 사용할 줄 아는 지혜가 필요한 것이죠.

욕망이 늘어나면 가지고 있는 것에 만족하지 않고 항상 부족함을 느낍니다. 다윗도 한순간의 욕망을 참지 못해 인생 최대의 죄를 범했죠.
그런데도 하나님이 다윗을 버리지 않는 이유는 무엇이었을까요? 그것은 다윗의 본성이 변질되지 않고 순종한 삶을 살았기 때문입니다.

우리는 우연히 마주치는 유혹에 오래 주목하지 않고 고개 돌려 마음을 다잡는 지혜가 필요합니다. 그래야 사탄으로부터 우리 삶을 빼앗기지 않고 살 수 있습니다.
우연히 찾아온 시험에 흔들리면 더 큰 나를 기대하는 하나님과 멀어질 수 있음을 다윗을 통해 교훈을 얻어야 합니다.
자기 눈을 가리지 못했을 때 우리는 어떤 다른 눈도 가릴 수 없습니다. 하나님은 이것을 경고한 것입니다.

∥ 하나님만이 구원자

다윗은 어떤 상황에서든 공의로 심판하시는 하나님께 답을 구한 인물입니다. 그래서인지 끊임없는 전쟁에도 답을 주실 것을 믿고 담대하게 앞을 향해 나가죠.
이것은 〈시편〉의 몇 구절을 통해 알 수 있습니다.

> 천만인이 나를 에워싸 진 친다 하여도 나는 두려워하지 아니하리이다(시 3:6).

위 구절은 다윗이 그의 아들 압살롬의 반란에 예루살렘에서 도망치며 하나님께 고백한 말입니다. 압살롬이 다윗과 갈라서게 된 이유는 그의 누이 다말이 이복형제 암논에게 강간당했던 사건에 있습니다. 이때, 다윗은 자식들의 문제였음에 암논을 처리 못했습니다. 그러자 압살롬이 그를 죽이고 달아난 후 3년 만에 예루살렘에 돌아오죠. 이후 압살롬은 공을 들여 사람들의 마음을 샀습니다. 송사가 생긴 사람의 얘기를 들어주고 격려함으로 환심을 유도했죠. 결국, 그의 계략은 성공하고 다윗을 배반하기에 이른 것입니다.

다윗은 아들의 반란 가운데 많은 사람으로부터 배신을 당하고 상처를 받았습니다.
그의 불편한 심정은 〈시편〉 3장에 잘 나타나는데 고백의 구조는 세 가지로 구분됩니다.
먼저 1~2절은 주변에 적이 많다는 것으로 시작합니다.
그들이"자신은 하나님께 구원받지 못할 것이라 말한다."라며 밀려난 왕처럼 취급당하고 있음을 얘기하죠.
그럼에도 3~6절에서 "나의 목소리로 여호와께 부르짖으니, 그의 성산에서 응답하시는 도다"라며 주님이 함께하실 것을 믿는다며 고백합니다.
하나님께 마음을 다하면 충심을 얻을 수 있다는 말이 있습니다. 그래서인지 다윗이 도망자 신세가 되었을 때 그렛 · 블레셋 · 가드 사람들이 다윗을 따랐습니다. 사실 그들은 다윗이 끝낸 전쟁에 적이었던 민족이었죠. 그런 그들이 다윗을 따랐다는 것은 원수에게 정성을 다한 왕이었음을 알 수 있게 합니다.

끝으로 7~8절에서 "구원은 여호와께 있사오니"라며 구원이 하나님께 있음을 고백하며 구원받기를 간절히 원합니다.
다윗의 고백에서 사람을 사랑하면 뜻을 이룰 수 있지만, 하나님을 경외하지 않으면 결코 그 앞에 닿을 수 없음을 알게 합니다.

다윗은 하나님의 구원이 절대적임을 믿고 어떠한 상황에서든 의지해 갑니다.

> 하나님이여 내게 은혜를 베푸소서 사람이 나를 삼키려고 종일치며 압제하나이다(시 56:1).

다윗이 사울을 피해 블레셋의 아기스 왕에게 몸을 의탁하려 했을 때도 그랬습니다.
위 구절만 봐도 아기스의 신하들이 자신을 모함으로 몰아내려 했을 때 울분을 느낄 수 있죠.
그러나 이때도 다윗은 하나님께 의지하며 구원자이심을 믿습니다. 그의 믿음은 〈시편〉 56장 11절에 "내가 하나님을 의지하였은즉 사람이 내게 어찌하리이까"라는 말에서 알 수 있습니다. 사람의 핍박은 두려운 것이 아니라는 것이죠.
그러면서 하나님께 서원한 감사제를 드리겠다는 말까지 덧붙이며 - 해결되지 않은 상황에서 - 구원하실 것임을 확신합니다.

한편, 다윗은 하나님이 자기를 쓸모있는 사람으로 사용하심을 감사해 합니다.

주께서 내게 응답하시고 나의 구원이 되셨으니 내가 주께 감사하리이다 건축자가 버린 돌이 집 모퉁이의 머릿돌이 되었나니 이는 여호와께서 행하신 것이요(시 118:21~23).

쓸모없은 자신을 돌에 비유한 '집 모퉁이의 머릿돌'로 쓰이게 하는 구절은 매우 의미가 있습니다.
'모퉁잇돌'은 건물의 모퉁이에 놓아 벽을 지탱해 주는 커다란 돌입니다. 이 돌은 건물의 하중을 지탱하여 무너지지 않게 하는 기초석이 되죠.
'모퉁잇돌'의 기초 위에 돌을 쌓아 건물을 완성하듯, 다윗은 하나님으로부터 자신이 쓰임 받는 존재가 되었음을 인정합니다. 그리고 '모퉁잇돌'인 자신이 이스라엘에 중요한 역할을 하고 있음을 알고 감사할 줄 알던 것이죠.

우리는 자신의 소망대로 구원받음을 깨달았을 때 그때야 감사하게 됩니다. 그러나 다윗은 결과에 앞서 하나님이 구원자임을 믿는 신앙인이었습니다.
하나님을 의심하거나 원망하지 않았으며 〈시편〉에서 알 수 있듯 믿음으로 하나님을 바라보며 삶을 살았습니다. 그래서 하나님도 다윗을 사랑할 수밖에 없었던 것입니다.

하나님이 다윗을 사랑함은 어떤 순간에도 잃지 않았던 믿음과 순종의 자세였습니다. 그는 사울 왕을 죽일 수 있는 순간에도 하나님에게 기름 부음 받은 자를 죽일 수 없다며 기회를 버리기도 하죠. 자신의 위태로움을 모면하기에 앞서 하나님의 마음을 되돌아본 것입니다.

- 다윗에게서 중심을 돌아보다 -

다윗의 생애는 전쟁의 삶이었습니다.
왕이 되기 전부터 골리앗과 싸움에서 그의 명성이 시작되었죠. 왕이 되고도 반란과 이방 민족과의 전쟁은 끊이지 않습니다. 하지만 그의 전쟁은 항상 동행하신 하나님이 있었기에 승리의 역사로 기록됩니다.
〈시편〉은 다윗의 치열한 삶 속의 고난과 괴로움에 구원자이신 하나님을 향한 기도가 많이 담겨 있습니다.
다윗이 기댈 수 있는 곳은 하나님 품이었음을 〈시편〉을 통해 알 수 있죠.
그가 위대한 왕으로 남은 것은, 바로 이점 때문이었습니다. 치열한 삶에도 믿음을 잃지 않고 하나님을 붙잡고 끝까지 살아간 것이죠. 하나님도 다윗의 신실한 믿음에 언제나 답을 주시고 그에게 필요한 것을 모두 주십니다.

하나님은 다윗의 '중심'을 보고 선택하셨으며, 그는 언제나 하나님만을 찬양했습니다. 요즘 말로 케미가 좋은 관계였죠. 어느 한쪽도 부족함 없이 잘 맞았다는 것입니다. 다윗을 통해 신앙인의 중심은 어디에 둬야 하는지 생각해 보게 됩니다. 꼭 구원의 목적이 아닌 믿음의 문제로 돌아보는 것이죠.

2_
듣는 마음을 구한 솔로몬

'지혜를 받았으나 지키지 못한 왕'

이스라엘 3대 왕 솔로몬은 오늘날 지혜의 왕이라 불리는 수식어를 가진 사람입니다. 그 지혜는 하나님으로부터 받은 것으로 이스라엘 통치에 밑거름이 되고 오늘날 〈잠언〉, 〈전도서〉를 통해 삶의 지혜로 활용되고 있죠.

솔로몬이 하나님께 지혜를 구한 것은 당연한 순서였을지도 모릅니다. 그의 아버지 다윗은 전쟁을 통해 영토와 재산을 구축했습니다. 솔로몬은 그 기반 위에 지혜를 구함으로 안정적인 통치 기반을 마련한 것이죠.
솔로몬의 안정적인 통치는 정치 · 경제 · 외교까지 빛을 발하게 됩니다. 그의 치세동안 무역을 통해 막대한 부를 축적하고 군사 장비 등을 비축합니다. 또한, 두 여인의 재판을 통해 송사의 공정함을 보이고, 성전 건축으로 하나님과의 약속을 지키기도 하죠.

이렇게 그의 이야기가 남긴 〈잠언〉, 〈전도서〉는 단순히 세상의 지혜를 모아놓은 글이 아닙니다. 사람의 관계, 자식의 도리, 선과 악에 대한 것까지 우리 삶에 필요한 다양한 것을 논하는 백과사전과도 같죠.
만약 솔로몬이 그의 지혜를 〈잠언〉, 〈전도서〉에 남기지 않았다면 어땠을까요? 아마 그를 지혜의 왕이라 불리는 것에 주저했을지 모릅니다.

이번 장에서는 솔로몬이 하나님으로부터 지혜를 받는 과정과 국가 운영에 어떻게 쓰였는지 알아보려 합니다.
그리고 노년에 우상을 숭배함으로 이스라엘 역사에 어떤 영향을 주게 되는지 살펴보겠습니다.

∞ 무엇을 줄까?, 지혜를 주세요 ∞

다윗이 죽고 그의 아들 솔로몬이 왕이 됩니다.
그는 아버지의 유언대로 하나님께 복종하며 제사를 지내는 도중 하나님을 만납니다. 솔로몬에게 나타나신 하나님은 그에게 무엇을 원하는지 소원을 말해보라 합니다.

> 듣는 마음을 종에게 주사 주의 백성을 재판하여 선악을 분별하게 하옵소서(왕상 3:9).

하나님의 질문에 솔로몬은 지혜를 구합니다. 부와 명예를 위한 소원보다 올바로 들을 수 있는 마음을 원한 것이죠.

이는 통치에 필요한 것은 도리와 이치를 분별하는 능력임을 알고 요구한 것입니다. 하나님은 그의 소원을 칭찬하며 "지혜롭고 총명한 마음을 주노라(왕상 3:12)"라며 답을 하십니다. 그 후 솔로몬은 지혜롭게 국가를 운영하며'지혜의 왕'이라 불리게 되고 그의 말은 〈잠언〉을 통해 전해집니다.

솔로몬은 〈잠언〉에서 지혜로움은 '하나님을 경외하는 것이 근본(잠 1:7)'이라며 미련한 자가 되지 말라고 합니다.
경외함이란 압도적인 위압감과 상대할 수 없을 때 쓰는 표현이죠.
하나님을 경외하는 것이 지혜와 무슨 상관일까요?
그 의미는 아래 구절에서 찾아볼 수 있습니다.

> 내 아들아 완전한 지혜와 근신을 지키고 네 눈앞에서 떠나지 말게 하라, 그리하면 그것이 네 영혼의 생명이 되며 네 목에 장식이 되리니(잠 3:21~22).

'네 눈앞에서 떠나지 말게 하라'의 대상은 완전한 지혜입니다. 그 안에서 살아가면 생명이 된다는 것으로'완전하신 하나님'을 통해 살아가라는 의미입니다.
왕이라도 하나님 앞에서는 작은 존재임에 주님을 경외하고 교만하지 말라는 것이죠.
하나님을 경외하는 마음은 성급한 말을 삼가고 급한 마음에 입을 열지 않는 것입니다. 그리고 성급하게 서원하는 것보다 서원하지 않는 조심스러움이 오히려 낫다는 말이기도 합니다.

> 모든 지킬 만한 것 중에 더욱 네 마음을 지키라 생명의 근원이 이에서 남이라(잠 4:23).

또한, 지혜를 구하고 지키는 것은 마음에 있으니 그것을 지키는 것이 생명이라 하죠.
'마음을 지킨다.'라는 것은 스스로 지켜야 할 마음의 본바탕입니다. 남을 험담하고 거짓을 말하는 폭력의 도구로 쓰지 말아야 하죠.

솔로몬은 지혜로움을 하나님과 떨어져 살지 않는 삶에 의미를 두었습니다. 다윗을 통해 그는 하나님이 역사하심을 지켜보고 믿음의 중요성을 배웠던 것이죠.
그리고 하나님이 자기 앞에 나타났을 때 직감적으로 선택받았음을 알았습니다.
그 가운데 하나님의 소원 한 가지에 대한 질문에 지혜를 구함으로 그는 모든 것을 가진 왕이 됩니다.

사람들은 각자 원하고 소망하는 것이 모두 다릅니다.
과거와 현재의 삶을 통해 부족한 것을 채우는 목적이 다르기 때문이죠.
이 점에서 하나님께 지혜를 구한 솔로몬은 왕으로서 무엇이 통치에 필요한 수단인지 분명히 알았던 왕이었습니다.
정치, 경제, 외교에서 왕의 능력은 올바른 판단력과 사물을 분별하는 능력이라는 것을.

∞ 지혜로 국정을 안정 시킨다 ∞

> 왕이 심리하여 판결함을 듣고 왕을 두려워하였으니 이는 하나님의 지혜가 그의 속에 있어 판결함을 봄이더라
> (왕상 3:28).

솔로몬의 지혜라며 불리는 유명한 이야기는 두 가지가 있습니다. 첫 번째 이야기는 두 여인의 재판에 관한 일화입니다.
어느 날 여인 두 명이 한 집에서 아이를 출산합니다. 그러나 한 아이가 죽자 서로 자기 아들을 죽였다며 처벌해 줄 것을 왕 앞에 고합니다. 그리고 살아있는 아이가 서로 자기 아이라며 양육권을 주장하죠.
솔로몬은 의견이 상반되자 아이를 반으로 나눠 가지라고 합니다. 그러자 한 여인은 동의하고, 다른 여인은 아이를 죽일 수 없다며 상대 여인에게 아이를 주라 하죠. 여인들의 결정을 듣고 솔로몬은 아이를 살리려는 여자가 엄마임을 알고 그 여인에게 아이를 주라 판결합니다. 지금 기준으로 보면 솔로몬의 판결문은 당연한 것 아니냐고 볼 수 있습니다. 사람을 반으로 나눌 수 없고 부모라면 아이의 생명이 우선이니까요. 하지만 이 이야기에서 주목할 부분은 솔로몬의 명쾌한 판결만이 아닌 재판 시점도 주목해 봐야 합니다. 그의 재판은 하나님께 일천 번 제 제사를 지내고 지혜를 받은 후였습니다. 이것은 재판을 지켜본 사람에게 왕의 판결이 하나님의 권능에 힘입었음을 알게 합니다. 이는 지혜의 근원이 하나님에게서 온 것임을 선포한 것이라 볼 수 있죠.

두 번째 이야기는 스바의 여왕이 솔로몬을 찾아와 지혜로움을 테스트하는 이야기입니다. 스바의 여왕 이야기는 성경에 상세하게 나오지 않습니다. 그러나 솔로몬이 모든 질문에 대답함으로 여왕은 감탄하고 그에게 많은 재물을 주고 돌아갑니다. 한 나라의 여왕이 솔로몬의 지혜에 놀랐다는 것은, 그가 정치 · 외교적인 언어구사에 탁월한 능력이 있었다는 것을 예상해 볼 수 있죠.

한편, 그의 지혜는 재판이나 변증에만 국한되지 않습니다. 민족성을 확립하고 경제적 안정에도 사용됩니다.

> 여호와께서 내 아버지 다윗에게 하신 말씀에 네 아들이 성전을 건축하리라(왕상 5:5).

위 구절은 솔로몬이 하나님을 위한 성전 건축을 시작함을 알리는 말입니다. 하나님은 다윗이 살아있을 때 그의 아들을 통해 성전 건축할 것임을 예언하셨습니다.
솔로몬은 그 약속을 지키기 위해 히람 왕에게 좋은 나무를 받아 성전을 완성합니다. 애굽을 탈출한 지 480년 만에 하나님을 모시는 집이 완성된 것이죠. 성전 건축은 신앙심을 고취 시키는 한편, 민족정신을 확고하게 함으로 단결력을 더욱 강하게 하는 계기가 됩니다.

> 상인들과 무역하는 객상과 아라비아의 모든 왕과 나라의 고관들에게서도 가져온지라(왕상 10:14).

또한, 지혜로움은 무역을 통해 국고를 채우고 전쟁에 필요한 무기를 비축하는 등 주변국이 범접할 수 없는 국가 발전에 큰 역할을 합니다. 한마디로 왕국은 당대 최고의 전성기를 누린 것이죠.

〈잠언〉 16장 3절에 "너의 행사를 여호와께 맡기라, 그리하면 네가 경영하는 것이 이루어지리라"라는 말씀이 있습니다. 하나님을 경외하는 것이 진리임을 한마디로 정의한 문장이라 볼 수 있죠.
이 말처럼 솔로몬은 하나님으로부터 받은 지혜로 정치, 경제, 종교 등의 문제를 질서 있게 잡아감으로 왕국의 안정된 통치 기반을 구축했습니다. 그러나 그의 노년은 지혜와 거리가 먼 행동을 함으로써 후회의 삶을 맞이하게 됩니다.

∞ 우상숭배에 대한 벌 ∞

> 내가 네게 명령한 법도를 지키지 아니하였으니 내가 반드시 이 나라를 네게서 빼앗아 네 신하에게 주리라
> (왕상 11:11).

솔로몬은 하나님으로부터 받은 지혜로 왕국을 다스리는 동안 많은 이방 여인과 결혼합니다. 이 일은 훗날 이스라엘의 가장 큰 불행의 시작이 되며 어처구니 – 생각 밖에 엄청나게 일어난 일 – 없는 일이기도 하죠.
모든 상황을 잘 관리해 오던 솔로몬이 마음을 통제하지 못함으로 모든 것을 잃게 되니까요. 하나님은 솔로몬의 행위에 대해 – 우상

숭배의 계기 – 매우 진노하여 에돔 사람 하닷을 통해 솔로몬의 대적으로 세웁니다. 그리고 왕의 신하였던 여로보암을 통해 훗날 왕국을 남북으로 분열시킬 것을 예언하십니다. 우상숭배로 왕국이 불안정해지고 하나님이 떠나자 솔로몬은 〈전도서〉에 이 말을 남깁니다.

> 내가 한 모든 수고를 미워하였노니 이는 내 뒤를 이을 이에게 남겨주게 됨이라 그 사람이 지혜자 일지 우매자 일지 누가 알랴마는 내 지혜를 다하여 수고한 결과를 그가 다 관리하리니 이것도 헛되도다(전 2:18~19).

'헛되다'라는 말에서 모든 노력이 물거품이 된 그의 심정을 고스란히 느낄 수 있습니다. 가진 것이 많을수록 잃게 되는 것도 많다는 것을 상징하는 단어라 할 수 있죠. 솔로몬은 역대 왕들보다 가진 것이 많았던 사람이었음에 우상숭배로 잃은 것은 매우 큰 피해였습니다. 그리고 그 피해는 고스란히 자기 아들의 몫으로 남게 됩니다.

하지만 솔로몬은 자기 아들이 이 상황을 타개할 수 있는 능력이 있는지 자신할 수 없었습니다.

자신처럼 하나님으로부터 지혜를 선물 받지도 않았으며 그의 통치 능력을 검증해 보지도 못했으니까요. 이 우려는 결국 벌어지고 맙니다.

그의 아들 르호보암은 젊은 혈기로 백성을 억압하려 하다가 백성의 마음을 얻지 못해 왕국을 분열시키고 맙니다.

이때부터 이스라엘은 르호보암이 다스리는'남유다'와 여로보암이 다스리는 '북이스라엘'로 나뉘어 멸망하는 날까지 분열 왕국으로 남게 되죠.

철학자 플라톤이 인간의 마음에 대해 이렇게 말했습니다.
"인간에게 있어서 가장 아름다운 진실은 마음가짐이 바뀐다면 현실도 바뀐다."라고요. 마음먹기에 따라 현실이 긍정적이거나 혹은 부정적으로 변할 수 있다는 말이죠. 이 점에 비춰보면 솔로몬은 마음을 지키지 못해 지혜와 통찰력을 잃고 욕망을 이기지 못함으로 노년에 빛을 잃은 것입니다.

역사상 솔로몬보다 나은 출발을 한 사람은 없었습니다. 다윗의 아들로 태어나 즉위한 솔로몬에게 부족한 것은 백성을 다스릴 지혜였습니다. 하나님은 그런 솔로몬에게 지혜와 풍요로움까지 주었습니다. 솔로몬은 그 모든 것을 통해 사람들에게 인정받고 성과도 거두었죠. 하지만 노년에 삶을 회고하면서'헛되다.'라고 말합니다. 해가 뜨면 똑같은 일상으로 돌아가듯 수고했던 모든 것이 반복되는 것처럼 말이죠.
우리가 열심히 사는 이유는 행복해지기 위해서입니다.
그런데 가족들과 시간을 보내지 못하고 일만 할 때, 우리도 내뱉는 말이 '헛되다.'입니다. 삶의 목적보다 목표를 추구한 결과죠.
지금 우리에게 필요한 것은 삶의 의미와 가치를 놓치지 않도록 하나님과 동행하는 것입니다.

- 믿음과 순종의 질서 -

하나님은 사랑하는 자녀라도 우상을 숭배하는 죄악에 대해서는 분명한 책임을 물으셨습니다.
하나님에게 지혜를 받은 솔로몬도 예외가 아니었죠.
아무리 좋은 은사라도 믿음을 지키지 못하면 하나님은 거두어 들입니다. 솔로몬도 우상을 숭배함으로 지혜로움을 마지막까지 지키지 못했죠.
〈잠언〉 1장 7절 '하나님을 경외하는 것이 지식의 근본'이라는 말을 등한시한 결과라 할 수 있죠. 그의 우상숭배는 백성들처럼 징벌로 이어지고 왕국 분열이라는 대가를 치르게 됩니다.

솔로몬을 통해 하나님으로부터 받은 은사는 지키는 것이 중요하다는 것을 깨닫게 합니다.
은사는 나의 믿음으로 얻은 값진 은혜입니다.
그러나 믿음이 약해지고 교만에 빠지면 솔로몬처럼 한순간에 모든 것을 잃을 수 있습니다. 하나님은 창세부터 언제나 우리에게 이것을 조심하라 하시죠.

3_

왕국의 심판을 경고한 이사야

'회개만이 돌아갈 수 있는 길'

하나님은 르호보암 시대부터 백성에게 직접 나타나시지 않고 선지자를 통해 말씀을 전합니다. 이는 남유다 뿐만 아니라 북이스라엘에 활동하는 선지자에게도 동일하게 적용되죠. 선지자의 활동은 성경에 기록되며 그중 남유다에서 활동한 이사야는 다른 사람에 비해 월등히 많은 기록을 남깁니다. 그가 다른 선지자에 비해 하나님으로부터 말씀을 직접 받기도 했지만, 예언이 모두 사실로 이어졌기 때문이죠.

대예언서라 불리는 〈이사야〉서는 하나님이 이사야를 통해 하신 말씀과 예언이 66장으로 방대하게 구성되어 있습니다. 특히, 〈이사야〉서는 신약에서도 많이 인용되어 그 권위는 다른 예언서보다 높게 평가받고 있습니다.

이사야는 요아스 왕의 손자이자 선지자 아모스의 아들입니다. 출생에서 보듯 그는 남유다의 선지자였으며, 그가 활동할 당시 남유다는 신앙적으로 많이 타락해 있었습니다.
그래서 그의 말은 연신 백성이 회개할 것을 외쳤으며 하나님께 돌아오길 바랐습니다. 하지만 그의 외침에도 불구하고 왕과 백성은 우상을 숭배하는데 잘못임을 느끼지 못했죠.

> 슬프다 범죄한 나라요 허물 진 백성이요 행악의 종자요 행위가 부패한 자식이로다 그들이 여호와를 버리며 이스라엘의 거룩하신 이를 멸리하고 물러갔도다(사 1:4).

급기야 이방 민족의 풍습을 따라 하는 등 많은 범죄를 저지릅니다. 하나님은 그런 교만한 백성을 심판하실 것을 경고하고 훗날 메시아를 통해 구원받을 것을 이사야를 통해 예언해 주십니다.

이번 장은 대 선지자로 불리는 이사야를 통해 남유다 왕의 - 웃시야, 요담, 아하스, 히스기야 - 타락에 대한 심판과 망국으로 치닫는 왕국의 말로를 살펴보겠습니다.

∞ 결과가 다른 부자(父子), 웃시야와 요담 ∞

> 암몬 사람들이 조공을 바치매 웃시야가 매우 강성하여 이름이 애굽 변방까지 퍼졌더라(대하 26:8).

웃시야[Uzziah]는 16세에 왕이 되어 블레셋의 성벽들을 허물어 그 땅에 성읍들을 건축하고 남유다를 군사적으로 안정적인 위치에 놓이게 합니다. 군사적인 우위는 남유다의 정치 · 경제를 발전 - 고원과 평지에 가축을 많이 길렀으며(대하 26:10) - 시킴으로 왕국은 안정된 국정을 유지하게 되죠.
그러나 정치적 안정과 달리 우상을 숭배하는 산당을 제거하지 않아 - 산당은 제거하지 아니하였으므로(왕하 15:5) - 하나님 앞에 완전한 왕은 아니었습니다. 그러던 중 웃시야는 왕이 해서는 안 되는 사건을 저지릅니다.

> 그의 마음이 교만하여 악을 행하여 그의 하나님 여호와께 범죄하되 성전에 들어가서 향단에 분향하려 한지라
> (대하 26:16).

기세등등한 그는 하나님의 성전에 들어가 제사장만 할 수 있는 분향을 직접 합니다. 제사장의 만류에도 그가 서슴지 않고 불충을 범하자, 하나님은 그의 이마에 나병[Hansen]이 생기게 하죠. 그러자 대제사장을 비롯한 모든 제사장이 그를 성전에서 쫓아내고, 웃시야는 죽는 날까지 별궁에 갇혀 지내는 신세가 되고 맙니다.

그 시대의 나병은 오늘날 세계적인 이슈였던 코로나와 같은 무서운 전염병이었습니다. 의료 기술이 발달하지 않은 상태에서 기피 대상이었죠. 그 가운데 신이 직접 내린 질병으로 인식되어 나병 환자는 저주받은 사람 취급을 받았습니다. 왕도 예이 되지 않죠. 웃시야의 나병은 왕의 정치적 생명이 끝났음을 뜻했으며, 그를 대신해 요담이 왕위에 올라 통치하게 됩니다. 반면, 요담은 아

버지와 달리 하나님 앞에 바른길을 걷는 왕이 되어 암몬과 전쟁 등에서 이기며 나라를 부강하게 하죠. 그의 생애가 성경에 비록 짧게 소개되지만, 그는 왕으로 있는 동안 자기 아버지와 같은 길은 걷지 않음으로 심판을 받지 않았습니다.

인간의 교만함은 하나님이 지켜만 보고 계시지 않습니다. 모세 5경부터 열왕기까지 수많은 사람이 교만함으로 심판을 받죠. 그럼에도 교만함은 끊이지 않습니다.
자신의 행위를 잘못이라고 인지하지 못하기 때문입니다.

∞ 통치 질서를 무너트린 아하스 ∞

이사야는 나병에 걸린 웃시야 왕이 죽던 해에 하나님의 나라를 보게 되고 많은 예언을 남기기 시작합니다.
그가 활동하던 시기에 남유다가 타락과 패역이 심했다는 것은 〈이사야〉 1~5장에 잘 나타나 있습니다.
특히, 왕국의 우상숭배와 악행의 심각성은 돌이킬 수 없는 죄악으로 남게 됩니다.

> 동방 풍습이 가득하며 그들이 블레셋 사람같이 점을 치며 이방인과 더불어 손을 잡아 언약하였음이라(사 2:6).

이사야는 백성이 거리낌 없이 우상을 숭배하자 소돔과 고모라 - 타락으로 하나님이 멸망시켰다 - 에 비유하며 회개할 것을 촉구합니다. 또한, 타락의 끝에 심판 - 만군의 여호와께서 내 귀에 말씀하시되 가옥이 황폐하리니(사 5:9) - 이 따름을 강력히 경고한 것이죠.

이사야의 선지자적 활동은 12대왕 아하스Ahaz때에 들어서 본격적으로 시작됩니다. 아하스는 타락한 왕으로 하나님이 보기에 정직하지 않았습니다. 그는 우상을 만들어 분향하고, 자녀를 불사르는 인신 공양까지 하는 패악을 저지르죠.
이때 아람과 북이스라엘이 연합하여 남 유다를 공격합니다. 아하스 왕이 아람과 북이스라엘의 동맹을 놓고 두려워할 때 이사야는 하나님 말씀을 구체적으로 전합니다.

> 아람과 에브라임과 르말랴야 아들이 악한 꾀로 너를 대적하여 유다를 쳐서 그것을 쓰러트리고(중략), 주 여호와 말씀은 그 일은 서지 못하며 이루지 못하리라(중략), 육십오년 내에 에브라임이 패망하여(사 7:5~8).

말씀을 풀어 보면 그들의 연합은 성공하지 못하며 북이스라엘 - 에브라임 - 은 65년 내 멸망 - 훗날 앗수르에 의해 멸망 - 한다는 것입니다. 그러니 두려워 말라는 것이죠.
그러나 아하스는 급한 마음에 이 말을 무시하고 앗수르 왕에게 성전의 금은을 바치며 그들의 도움을 받습니다.

> 차를 새로 구매하면 돼지머리를 놓고 고사를 지내거나 명태를 차에 싣고 다니면서 안전을 기원하는 사람이 있습니다. 신앙인이면서 남들이 하던 것을 그대로 따라 하기도 하죠. 무심코 한 그 행동이 성경 속 아하스와 다르지 않았습니다. 신앙인은 무슨 행동을 하기 전에 신

앙에 어긋나지 않은지 한번 생각해 보고 행동해야 합니다.

아하스의 죄악은 여기서 그치지 않고 그들이 믿는 '다메섹 신들에게 제사'를 드리고, 심지어 그들의 제단 모양을 본떠'제단을 만드는 행위'까지 하죠. 그는 하나님을 의지하면 구원받을 것이라는 진리를 잊음으로 눈앞의 이익만 취한 악한 왕으로 기록에 남겨집니다.

여기까지 보면 이사야의 예언이 이스라엘에만 국한된 것으로 보입니다. 그러나 그의 예언은 앗수르 · 바벨론 · 모압 등 왕국을 둘러싼 각국의 멸망도 예언하죠.
〈이사야〉 20장에는 하나님이 예언을 성취하기 위해 그에게 허리에 베를 끄르고 신을 벗어, 벗은 몸으로 3년 동안 다니게 합니다.
이 행동은 애굽과 구스 – 에티오피아 – 가 앗수르에 의해 포로로 끌려갈 것에 대한 징조를 백성에게 보이라는 것 – 눈으로 보고 회개하라 – 이었습니다.
이사야에게 수치스러운 행동이지만, 그는 명령을 따라 예언의 성취 과정을 몸소 보여줍니다.

한편, 이사야는 예수님 탄생을 예언하기도 합니다.

> 처녀가 잉태하여 아들을 낳을 것이요 그의 이름을 임마누엘이라 하라, 한 아기가 우리에게서 났고 한 아들을 우리에게 주신바 그의 이름은 기묘자라(사 7:14, 9:6).

위 말씀에 기묘자라는 말은 '경이로운 일'이라는 뜻으로 하나님에 대한 별칭 - 하나님의 사자가 그에게 내 이름은 기묘자라(삿 13:18) - 입니다.
이사야는 장차 오실 예수님에게 이 단어를 씀으로 메시아가 하나님의 아들임을 말하고 있습니다.

그의 예언은 동시대에 활동했던 선지자 미가를 통해서도 언급됩니다. "베들레헴 에브라다야 너는 유다 족속 중에 작을지라도 이스라엘을 다스릴 자가 네게서 내게로 나올 것이라, 그의 근본은 상고에 영원에 있느니라(미 5:2)"라고 말이죠.
시대적 혼란 속에 이스라엘을 구원하시는 예수님의 탄생 예언은 고난 끝에 회복의 역사가 있을 것을 암시하는 말이라 볼 수 있습니다.

아하스의 행동은 하나님의 질서를 깨트리는 최악의 왕이었습니다. 우상숭배, 인신공양, 성전 오염 등 죄악의 3종 세트를 모두 한 것이죠.
좋아 보인다고 따라 한 행위도 하나님 말씀을 순종하지 않음은 심판을 피할 수 없습니다.

∞ 질서를 바로잡은 히스기야 ∞

아하스 왕이 죽고 그의 아들 히스기야Hezekiah가 왕위에 오릅니다. 그는 하나님이 보시기에 정직한 왕이었죠.
히스기야는 왕에 오른 뒤 제사장을 모아 성결해지길 요구하고 성전을 수리하면서 그 안에 더러운 것들을 치웁니다.
그리고 하나님께 범죄 함으로 진노가 내려 조상들과 자녀들이 수모를 당했음을 공표하죠.
그의 행동은 죄를 회개하고 반성한 것이었으며 그 마음을 행동으로 보여줍니다.

먼저, 성전에 사람들을 모아 속죄제를 드림으로 죄를 자복하고 그동안 지내지 않았던 모든 제사를 하나님께 드립니다.
제사를 드린 후 유월절을 성대하게 지내며 애굽에서 하나님께 구원받았음을 감사드리죠. 그 후 히스기야는 본격적으로 개혁에 나서게 됩니다.

> 산당을 제거하고 주상을 깨트리며 아세라 목상을 찍으며 모세가 만들었던 놋 뱀을 부수고(왕하 18:4).

히스기야는 우상을 없애는 데 앞장서고 제사장과 레위 사람들의 몫을 주어 율법에 힘쓰게 합니다.
그렇게 개혁이 완성될 때쯤 앗수르 왕 산헤립이 남유다와 전쟁을 하기 위해 올라옵니다. 앗수르의 공격에 예루살렘은 발칵 뒤집히고 히스기야도 불안해합니다.
한편, 여러 나라를 점령한 앗수르 장수들에게 남유다는 금방 점령할 수 있는 국가였습니다. 이미 많은 국가를 점령해 오면서 앗수르의 신이 다른 신보다 우월하다는 종교적 신념도 강한 상태였죠.
그래서 그들은 남유다를 향해 하나님을 능멸하는 말 - 신 중에 자기 땅을 앗수르 왕의 손에서 건진자가 있느냐(사 36:18) - 도 서슴지 않고 내뱉습니다.
앗수르 왕은 여기서 그치지 않고 하나님을 욕하고 비방하는 편지를 히스기야에게 보내기도 하죠. 히스기야는 앗수르의 압박과 불안감에 이사야의 의견을 듣고자 그의 신하들을 보냅니다. 이사야는 자신을 찾아온 그의 신하들에게 앗수르에 대한 하나님의 말씀을 전합니다.

> 앗수르 왕의 종들이 나를 능욕한 말로 말미암아 두려워하지 말라 그를 고국에서 칼에 죽게 하리라(사 37:6~7).

하나님의 전언은 앗수르를 상대하여 그들의 왕을 죽이겠다는 말이었습니다. 이 예언은 산헤립이 철수한 후 앗수르에 돌아가 배신자들 손에 죽게 되면서 이루어집니다.

왕국이 안정된 가운데 히스기야가 병들어 죽음을 앞두게 되자 이사야가 그를 찾아옵니다.
그리고 죽음을 준비하라는 하나님의 말씀을 전하죠. 이때 히스기야는 하나님께 통곡으로 기도하며 살려달라 외칩니다. 하나님은 그의 진심-죽음 앞에서 잃지 않은 믿음-을 알고 이사야를 통해 15년 더 살 것을 약속합니다.
그렇게 생명이 연장된 히스기야는 바벨론 왕이 보낸 사신을 만나는데 이때, 그들에게 보물고와 무기고 등을 보여주며 위세를 자랑하죠. 그러나 이 행동은 왕국의 모든 것을 보여줌으로 적국에 일급 정보를 제공한 셈이 됩니다.

> 현관문 비밀번호는 집안 식구 외에는 알려주지 않습니다. 어린 자녀에게 알려줄 때도 반드시 남에게 알려주지 않도록 교육하기도 합니다. 이는 내 영역에 남이 함부로 들어와 활동하거나 집안 사정을 알지 못하게 하기 위함이죠.

히스기야의 행동을 전해 들은 이사야는 그의 행동이 잘못되었으며 그 책임을 하나님이 물으실 것임을 전합니다.

> 오늘날까지 쌓아둔 것이 바벨론으로 옮긴 바 되고 왕의 몸에서 날 아들 중에서 사로잡혀 바벨론의 환관이 되리라
> (왕하 20:17~18).

이사야의 예언은 히스기야가 죽고 난 후 성경에 기록된 바와 같이 후손들이 겪으면서 멸망의 시대에 접어들게 되죠.

히스기야는 왕국의 범죄를 자복하고 성전 회복의 질서를 바로 잡습니다. 그의 종교개혁은 자신의 아버지가 저지른 악행을 되돌리는 성과를 가져옵니다.
그러나 여느 왕들처럼 교만에 빠지자, 바벨론에게 왕국의 속내를 보임으로 망국의 길을 열게 됩니다.
히스기야 말년의 행동에서 교훈 하나를 얻을 수 있습니다.
리더의 결정이 공동체의 미래와 직결됨에 결정하기 전 신중하게 고민해야 하는 노력이 필요함을.

- 성경의 축소판 이사야 -

〈이사야〉서는 성경의 66권과 같이 66장으로 구성되어 있으며, 오늘날 이사야를 대 선지자라 부릅니다.
이사야는 활동 기간에 왕과 백성의 타락과 교만을 경고하고 줄 곳 회개하라 합니다. 그러나 남유다 왕들은 이사야의 경고와 회개의 말씀을 듣지 않습니다. 때론 히스기야처럼 순종하는 왕도 있었지만, 그 역시 말년에 교만에 빠지게 되죠.
결국, 하나님은 솔로몬에게 하셨던 것처럼 교만함을 그대로 두고 보시지 않고 이스라엘이 멸망할 것을 말씀하십니다. 회개하지 못하는 신앙심은 구원받지 못함을 분명히 하신 것입니다.

이사야가 다른 선지자들과 달리 높이 평가받는 이유가 뭐냐고 묻는다면 세 가지 정도로 말할 수 있습니다.
첫째, 그는 하나님 말씀을 직접 전달하는 적극적인 선지자였습니다. 하나님이 자기 목소리를 전달한 자를 찾으실 때 이사야는 '나를 보내소서(시 6:8)'리며 곧비로 응답하죠.

둘째, 장차 오실 예수님의 탄생에 대해서 언급한 선지자였죠. 그의 예언은 많은 선지자와 신약에서도 자주 인용됩니다.

마지막으로 그의 말에는 하나님이 줄 곳 약속하신 심판에 대한 구원의 회복을 담아내고 있습니다. 성경의 전반적인 구조인 경고, 심판, 회복의 역사가 모두 담겨 있는 것이죠. 그래서 〈이사야〉서를 성경의 축소판이라고 부르는 것입니다.

4_
왕국의 멸망과 함께한 예레미야

'우상숭배는 망국으로 가는 길'

예레미야는 대 선지자라 불리는 사람 중 한 명으로 남유다의 멸망을 눈으로 본 사람입니다.
그는 환상을 통해 왕국의 멸망을 예언 받고 이를 막기 위해 사람들에게 경고도 하죠. 그렇다고 많은 표징으로 예언의 성취 여부를 나타내시는 않습니다. 말씀으로 왕과 백성에게 경고하죠.
생각해 보면 그는 당시에 어렵게 활동한 선지자였습니다.
그의 활동은 여호아하스 · 여호야김 · 여호야긴 · 시드기야 왕 시대로 멸망을 앞둔 왕들과 함께했으니까요.
이 시대는 왕국의 신앙적 질서가 무너진 상태였으며 백성을 깨우치기 위한 표징을 보일 수도 없는 상황이었죠. 이때, 북이스라엘은 이미 멸망한 상태였습니다.

하나님이 백성을 떠난 가장 큰 이유는 왕의 부패와 기름 부음 받은 자가 함정에 빠졌기 때문입니다. 그들은 하나님이 택하여 하나님을 대신할 사람들이었습니다. 백성의 인도자인 왕과 음성을 전할 사람이 하나님 앞에 살아가지 못한 것이죠. 왕은 스스로 자기 길을 감으로 길을 잃게 되었고 선지자는 자기 말로 사람들에게 짐을 지웠습니다. 경건의 모양만 갖춘 채 영적으로 타락해 있었던 것입니다.

> 네가 무엇을 보느냐 대답하되 끓는 가마를 보나이다 그 윗면이 북에서부터 기울어졌나이다(렘 1:13).

하나님은 회개하지 않는 그들 가운데 예레미야를 택하여 처음 보여 준 환상은 북방 민족을 통해 남유다를 멸망시키는 것이었습니다. 그리고 이 환상에 대해 하나님은 백성에게 알리라며 명령을 내리죠.

왕국의 멸망을 알리라는 명령은 예레미야에게 청천벽력 같은 소리였을 것입니다. 멸망이라는 내적인 충격과 함께 혼자서 회개를 외치며 이 일을 감내해야 했으니까요.

하지만 예레미야의 활동에도 이스라엘의 멸망은 돌이킬 수 없었습니다. 왕과 백성은 타락에 빠져 회개하라는 말을 들으려 하지 않았던 것이죠.

그들에게는 '하나님의 백성이 망하지 않을 것'이라는 헛된 믿음이 있었기 때문입니다. 이는 다윗의 나라를 영원하게 하리라는 말씀 때문이기도 하죠. 하지만 약속대로 그 나라를 영원하게 하려고 하나님이 백성을 사랑으로 책망하심을 깨닫지 못했습니다. 영원하게 하리라는 은혜의 약속 안에 회개를 촉구하시는 마음을 듣지 못한 것입니다.

이번 장에서는 예레미야를 통해 남유다를 향한 하나님의 마지막 경고를 살펴보겠습니다. 백성과 왕이 하나님의 경고에도 회개하지 않음으로 멸망을 겪게 되는 과정은 참혹 그 자체였습니다. 전쟁에서 매번 패배하고 왕은 이방 나라에 의해서 선발됩니다. 그리고 그 끝에는 백성과 왕도 포로로 끌려감으로 기나긴 반성의 시간을 갖게 되죠.

∞ 혼돈과 공허함의 남유다 ∞

하나님이 백성의 타락을 꾸짖으시면서 예레미야에게 보여준 것은 '살구나무 가지'와 '끓는 가마'였습니다.

두 환상에 담긴 뜻은 각성과 멸망을 의미했습니다.

먼저 살구나무 - 아론의 지팡이에 핀 꽃 - 는 예레미야가 선지자로서 눈을 떠 각성하라는 의미로 '하나님이 하고자 하는 뜻을 이루겠다.'라는 의미를 담고 있습니다.

그리고 끓는 가마는 앞으로 닥칠 재앙으로 북에서부터 기울여졌다는 것은 '남유다가 북방의 공격을 받는다는 것'을 암시하죠.

> 나를 버리고 다른 신들에게 분향하며 자기 손으로 만든 것들에 절하였은 즉(렘 1:16).

남유다 타락의 심각성은 위 말씀을 보면 알 수 있습니다.
이방 신을 숭배하며 스스로 만든 것을 믿고 신처럼 따른 것이죠.

그래서 하나님은 반드시 심판할 것임을 경고하고 예레미야에게 그 뜻을 전하라 합니다. 이방 신을 믿고 따른 행위는 하나님께서 음란과 행악으로 간주한 것이죠.

예레미야는 이런 남유다의 타락을 "내가 땅을 본즉 혼돈하고 공허하며 하늘에는 빛이 없으며(렘 4:23)"라며 어지러운 세상으로 표현합니다.

이 말씀은 〈창세기〉 1장 2절에 담긴 말과 유사하죠. 하나님이 천지를 창조하실 때 세상은 혼돈과 공허한 공간이었습니다. 예레미야는 작금의 이스라엘을 그때로 비유하여 혼돈에 빠져 있음을 말하는 것입니다.

하나님을 마음속에 두지 않음으로 창세 전의 공허함과 빛이 없는 세상에 있다는 것을 단적으로 표현한 것이죠.

타락한 백성은 급기야 성전을 도둑의 소굴로 만든 죄악을 저지릅니다. 바알 - 황소 모양 우상 - 에게 분향하며 구원받은 것처럼 말하며 하늘의 여왕도 숭배하죠. 이런 완악한 백성을 위해 기도하는 예레미야에게 하나님은'기도하지 말라'면서 듣지 않을 것을 분명히 하십니다.

돌아선 하나님의 마음을 돌리기 위한 그의 기도도 소용없어진 것이죠.

> 유명인이 뺑소니 사고로 물의를 일으켜 처벌받은 후 자기 자리로 돌아왔습니다. 그러나 그의 버릇은 고쳐지지 않고 음주운전, 교통질서 위반으로 도마에 오르내립니다. 그는 잘못 했다고 사과하지만, 사람들

은 그 말을 믿지 않습니다. 이미 수차례 잘못을 반복했기 때문이죠.

17세기 성직자이자 작가였던 토마스 풀러는 "미리 예견한 위험은 반쯤 피한 것이나 다름없다."라는 말을 했습니다. 위험을 인지한다는 것은 정신적·육체적으로 보호할 수 있는 시간을 갖게 합니다. 신앙적으로는 유혹과 타락에서 벗어날 기회죠.

예레미야는 하나님의 말씀을 전하며 백성들이 닥칠 위험으로부터 빠져나오기를 간절히 소망했습니다. 그래서 말씀을 전하면서 회개 – 그리하지 않으면 너의 악행으로 말미암아 분노가 불같이 일어나 사르리니(렘 4:4) – 하여 심판을 피하라 하죠.

그런 예레미야를 향해 하나님은 "그들을 위해 기도하지 말고, 간절히 바라지도 말라"라고 말씀하십니다. 돌이킬 수 없는 죄악과 회개하지 않는 그들을 버리셨음에 심판은 피할 수 없다는 것이었죠.

예레미야는 왕국의 멸망을 줄기차게 백성들에게 알리다 보니 생명의 위협을 자주 받게 됩니다. 고향 사람들로부터 예언하지 말라 – 훗날 예수님도 고향에서 환내받지 못했다 – 는 말도 듣게 되죠.

그러면서 백성의 말과 행동에 예레미야는 두려움을 갖게 됩니다. 이때 하나님은 그들을 벌할 것을 약속하시면서 두려워하지 말고 계속 전하라 합니다. 그렇게 시작된 사역은 남유다가 멸망하기까지 40년 동안 지속되죠.

이쯤에서 하나님의 백성이 왜 심판을 받아야만 하는가?에 대한 질문을 해봅니다. 우상을 숭배하던 주변 국가를 벌하지 않고 자기 백성을 심판하시기 때문이죠.

이 질문은 예레미야와 동시대에 활동했던 선지자 하박국이 했던 질문이기도 합니다.

> 어찌하여 거짓된 자들을 방관하시며 악인이 자기보다 의로운 사람을 삼키는데도 잠잠하시나이까(합 1:13).

하박국의 질문에 하나님은 “보라 그의 마음은 교만하며 그 속에서 정직하지 못하나 의인은 그의 믿음으로 말미암아 살리라(합 2:4)”라며 믿음의 중요성을 강조하십니다.

이 말은 보기에는 악인이 잘사는 것처럼 보이지만, 그들은 영혼에 죄를 범하였으므로 화가 미칠 것을 말씀하신 것이죠. 하나님 나라의 심판과 구원이 중요하다는 것을 의미한 것입니다.

하박국은 하나님의 응답을 듣고 믿음을 지키는 것이 구원임을 깨닫고 아래와 같이 찬양합니다.

> 무화과나무가 무성하지 못하며 포도나무에 열매가 없으며(중략) 외양간에 소가 없을지라도 나의 여호와로 말미암아 즐거워하며 기뻐하리로다(합 3:17~18).

우리가 병들면 병원에 가서 진료받고 약을 먹는 이유는 빨리 낫기 위해서입니다. 그러나 질병에 따라 치료 기간이 때론 몇 년씩 길어지기도 하죠.

그동안 환자는 완치될 것임을 소망하며 의사의 진료와 약을 처방받아 기다립니다. 하박국의 질문에 대한 답도 이와 같습니다. 믿음을 잃지 않고 있으면 하나님을 통해 회복의 역사가 반드시 올 것이기 때문이죠.

사람들이 부질없는 것을 믿는 것은, 자기 만족감 때문이라 할 수 있습니다. 우상을 숭배하는 것도 이와 같죠.
어떤 것이든 내 말을 들어줌으로 선과 악은 분별되지 않습니다. 그러나 하나님은 선과 악을 반드시 분별합니다.
어떠한 경우에도 악한 말과 행동에는 심판으로 정의를 구현 하시죠.

∞ 토기장이 손에 깨진 옹기 이스라엘 ∞

하나님은 타락에 대한 심판의 경고를 명확히 이해시키기 위해 예레미야에게 토기장이의 집으로 가라 합니다.
그곳에 도착한 예레미야는 토기장이가 흙으로 만들던 그릇이 터지자 다시 반죽해 새 그릇을 만드는 것을 봅니다.
이때 하나님은 예레미야에게 이렇게 말씀하시죠.

> 이스라엘 족속아 진흙이 토기장이 손에 있음과 같이 너희가 내 손에 있느니라(렘 18:6).

하나님은 자신이 천지를 창조하고 인간을 만드셨음에 그 손으로 망가진 것을 언제든 다시 만들 수 있다는 것을 선포하십니다. 토기장이가 빚는 흙처럼 세상의 일은 그 손안에 있으니 말씀에 귀를 기울이라는 것이죠.
백성이 회개함으로 반성하고 돌아오면 하나님은 회복의 기회를 주신다는 것입니다.

그러나 백성들은 예레미야처럼 말씀에 순종하지 못했습니다. 계속되는 경고를 무시했으며 오히려 예레미야를 죽이려 하죠. 백성의 위협이 계속되자 예레미야도 두려웠는지 하나님께 그들을 벌해달라 기도합니다.
그러자 하나님은 예레미야에게 옹기를 사서 제사장과 어른 몇 사람을 데리고 힌놈의 골짜기 - 우상에게 인신 공양 제사 지내던 곳 - 에 가라 합니다. 그곳은 과거 아하스 왕과 므낫세 왕이 자기 아들을 불사르는 인신 공양했던 장소였습니다.

예레미야가 도착하자 하나님은 그들 앞에서 토기를 깨트리며 이렇게 말하라 합니다.

> 토기장이 그릇을 한 번 깨트리면 다시 완전하게 할 수 없나니 내가 이 백성과 성읍을 무너뜨리리니 매장할 자리가 없을 만큼 매장하리라(렘 19:11).

하나님은 깨진 옹기를 회복시킬 수 없는 것처럼, 남유다의 백성들을 옹기로 비유해 심판을 경고합니다.
악행에 따른 결과는 깨진 옹기처럼 된다는 것이죠.

종교개혁의 선구자인 마틴 루터는 “더 이상 그렇게 히지 않는 것이 진정한 회개다.”라고 말했습니다.
과거의 잘못을 뉘우치고 돌아오는 것도 중요하지만, 앞으로 죄를 짓지 않는 것이 더 중요하다는 말입니다.
‘토기장이’와 ‘옹기’의 비유는 하나님을 대하는 자세의 문제로 과정에 따라 결과가 다름을 알 수 있죠.
흙으로 그릇을 빚을 때 잘못되면 언제든 다시 뭉쳐 새로 만들 수 있는 것처럼, 회개하면 하나님께 용서받을 수 있습니다. 그러나 그 과정이 없다면 깨진 옹기 신세가 되어 회복 불가능 상태가 되는 것입니다.
예레미야는 40년 동안 멸망의 과정을 지켜보면서 하나님 말씀을 전했습니다. 왕국과 민족이 망가지는 모습을 보면서 말씀을 전한다는 것은 쉬운 일이 아니었죠.
그러나 긴 시간에도 불구하고 백성은 변하지 않았습니다.
과거의 잘못을 반성하기는 커녕 현재의 삶도 변화되지 못한 것이죠.

하나님은 백성의 목이 뻣뻣함에 결국 이들에게 망국의 길을 걷게 합니다. 이는 남유다의 마지막으로 향하는 왕들을 통해 알 수 있습니다.
남유다 16대 왕 요시야[Josiah]는 잃어버린 율법책을 찾아내고 유월절을 지내는 등 종교개혁에 앞장선 현군으로 불렸습니다. 그러나 그가 애굽과 전쟁에서 패배하고 죽자, 그의 아들 여호아하스가 왕이 됩니다.
하지만 3개월 만에 애굽의 왕에게 감금당하고, 애굽은 그를 대신해 여호야김을 왕으로 세우죠.

여호야김[Jehoiakim]은 어떤 왕보다도 악한 왕이었습니다.
그의 악행은 〈예레미야〉 22장 13절에 이렇게 기록되어 있습니다. "불의로 그 집을 세우며, 자기 이웃을 고용하며, 품삯을 주지 아니한다."라고 말이죠. 그는 권력을 통해 백성을 함부로 대한 왕이었습니다. 하나님은 부도덕한 왕의 행실을 보고 남유다가 이방 민족 손에 넘겨질 것임을 예언하십니다.

> 갈대아의 부대, 아람 부대, 모압 부대, 암몬 자손의 부대를 여호야김에게 보내 유다를 쳐 멸하려 하시니(왕하 24:2).

그 후 남유다는 여러 민족으로부터 공격을 받게 되고 예레미야는 백성들에게 하나님의 말씀을 다음과 같이 전합니다.

> 이 민족들은 칠십 년 동안 바벨론 왕을 섬기리라
> (렘 25:11).

그가 전한 말씀은 멸망과 포로 기간을 암시하는 말로, 70년간 바벨론 포로 생활을 의미합니다. 그리고 이 예언은 현실로 다가옵니다. 남유다를 지배한 애굽이 바벨론의 느브갓네살에 의해 패하자, 애굽을 섬겼던 여호야김은 느브갓네살을 섬기게 되죠. 그러나 3년 후 여호야김은 느브갓네살의 포로 - 쇠사슬로 결박하여 바벨론으로 잡아가고(대하 36:6) - 가 되어 끌려가고 이때 성전의 모든 기구도 수탈당하게 됩니다.

여호야김이 잡혀가자, 그의 아들 여호야긴^Jehoiachin^이 여덟 살에 왕이 되어 아버지와 같은 운명을 겪습니다. 성전과 왕궁의 보물을 빼앗기고 예루살렘의 지도자와 대장장이, 왕의 가족들도 포로로 끌려가죠.
느브갓네살은 그를 대신해 그의 숙부 시드기야^Zedekiah^를 왕으로 세우고 그는 남유다의 마지막 왕이 됩니다. 시드기야도 다른 왕처럼 하나님 앞에 바른 왕이 아니었습니다.
이방 민족의 가증한 일을 따라 하고 성전을 더럽히는 등 악행을 저질렀죠. 그런 그가 바벨론에 대항하기 위해 제사장의 아들을 예레미야에게 보내 도움을 청하기도 합니다. 그러나 예레미야는 이들의 명령에 하나님이 진노하심을 전합니다.

> 너희 손의 무기를 내가 뒤로 돌릴 것이요 진노와 분노로 친히 너희를 칠 것이며 큰 전염병으로 죽으리라
> (렘 21:4~6).

남유다는 시드기야를 끝으로 멸망합니다. 그리고 시드기야는 아들들 앞에서 눈이 뽑힌 채 바벨론 포로로 끌려가죠.
느브갓네살은 여기서 멈추지 않고 성전과 왕궁, 모든 집을 불태우고 백성을 포로로 끌고 갑니다.
그리고 남겨진 것이 없는 그 땅은 칠십 년간 안식년 - 바벨론 포로 기간 - 을 누리게 됩니다. 이것은 이스라엘이 490여 년 동안 한 번도 지키지 않았던 안식년 - 일곱째 해에 그 땅이 쉬어 안식하게 할지니(레 25:4) - 을 일곱으로 나눈 수와 같았죠.

토기장이인 하나님 앞에 인간은 옹기와 같습니다.
하나님이 인간을 만드셨음에 잘못을 심판하기도 했지만 회개하면 회복을 시켜 주셨죠. 창세 후 이 원칙은 하나님이 줄 곧 지켜오셨습니다. 흙을 빚으신 하나님은 우리에게 영과 생명을 불어넣어 흙이 하나님을 닮은 존귀한 사람이 되게 합니다. 바꿔 말하면 우리가 하나님의 영을 잃으면 흙으로 돌아가게 되는 것이죠. 우리를

다시 흙 가운데서 순금으로 제련하는 연단은 하나님을 구하는 영혼의 기도와 말씀을 사모하는 삶에 있습니다. 영과 진리로 말씀 앞에서 온전하고 바르게 살아감으로 심판을 피할 수 있죠.

하나님이 만든 인간은 언제든 그분 뜻대로 하실 수 있습니다. 인간은 하나님의 계획안에서 벗어날 수 없는 존재죠. 바벨론에 의해 멸망한 이스라엘도 그 손에서 벗어날 수 없었습니다. 태초로부터 지키라 했던 율법 등의 질서를 지키지 못함으로 돌이키지 못한 것입니다.

- 경고를 알아챘을 때 돌아와야! -

예레미야는 이스라엘의 마지막을 지켜본 선지자였습니다. 그는 하나님의 말씀을 직접 듣고 전하는 데 주저함이 없었습니다.
때론 동족에게 맞기도 하고 갇히기도 하면서 회개하라 외치며 멸망을 경고하였죠.

예레미야의 활동에도 멸망한 이스라엘에 대해 하나님의 심판이 너무한 게 아니냐? 는 생각도 할 수 있습니다.
그러나 늘 그랬듯 하나님은 죄를 묻기 전에 회개의 기회를 먼저 주셨습니다. 예레미야를 통해 말씀을 전했던 것에 그런 이유도 포함되어 있었죠.

우리 삶이 어떨 때 뜻대로 흘러가지 않는다면 한 번쯤 돌아보는 여유도 필요합니다. 듣지 못하지만, 하나님이 다른 방법으로 경고하실 수 있기 때문이죠.

Part 3
세계의 질서

마른 뼈들아 여호와의 말씀을 들을지어다

(에스겔 37:4)

1_

에스겔을 통해 회복을 약속

'목자를 세워 민족을 구원'

선지자 에스겔은 바벨론이 남유다를 침공할 때 포로로 잡혀가 그곳에서 포로 생활을 합니다. 그러던 어느 날 그발[kebal] 강가에서 하나님의 부름을 받고 선지자로서 활동 - 정황상 그의 활동 지역은 바벨론이었다 - 하게 되죠.

신앙인들에게 있어 에스겔은 이스라엘의 미래를 환상으로 본 선지자로 인식되어 있습니다. 그렇게 불린 이유는 그가 하나님을 통해 많은 환상을 보고 말씀을 전하는 모습이 〈에스겔〉서에 구체적으로 기록되어 있기 때문이죠.
그가 하나님을 통해 본 환상과 말씀은 크게 세 가지로 구분되어 있습니다.
첫째, 「이스라엘에 대한 심판」의 예언입니다. 에스겔이 활동했던 시기는 남유다의 타락의 시대로 멸망이 눈앞에 왔던 때였습니다.

그래서 예언의 시작은 멸망을 다루고 있으며 이것은 1장부터 24장까지 기록되어 있죠.
둘째, 이스라엘 「주변 국가에 대한 심판」입니다. 이것은 우상을 숭배하고 이스라엘을 끊임없이 침공했던 국가에 대한 멸망으로 25장부터 32장까지 예언이 담겨 있죠. 이스라엘을 둘러싼 열국도 결국 멸망의 길을 걷는다는 내용입니다.
셋째, 이스라엘 「회복에 대한 약속」입니다. 이는 33장부터 마지막 장까지 말씀과 환상으로 보여줍니다. 잃어버린 목자를 세워 죽은 영 – 당시 이스라엘 백성의 상태 – 을 살려 회복시키는 희망을 담고 있죠.

〈에스겔〉서는 각 장의 구성만 봐도 시간의 흐름대로 기록되어 있어 읽어 나갈 때 편한 편입니다.
반면, 다른 선지자와 달리 하나님으로부터 환상을 많이 접하고 있어 어떤 구절은 〈요한계시록〉처럼 난해하기도 하죠.
이번 장에서는 앞서 다루었던 이스라엘의 멸망 부분을 제외하고 하나님이 에스겔을 통해 회복을 약속하는 말씀에 대해서만 살펴보겠습니다.

∞ 회복을 위한 준비 ∞

바사에 의해 바벨론이 멸망하자 이스라엘은 그들의 지배하에 포로 생활을 이어나갑니다.
이 가운데 하나님은 에스겔을 파수꾼으로 삼고, 말씀을 듣고 백성을 깨우치라는 명령을 내립니다.
그리고 이스라엘 회복을 위해 「목자」를 세우고, 「민족」을 하나로 만들 것임을 말씀과 환상으로 보여주십니다.
먼저, 「목자」를 통한 회복은 이스라엘과 여러 나라의 멸망 - 애굽, 바벨론, 두로 등 - 뒤에 구원받을 것을 양 떼에 비유해 말씀하십니다.

> 내 양 떼가 노략 거리가 되고 들짐승의 밥이 된 것은 목자가 없기 때문이라(중략), 내가 한 목자를 세워 먹이게 하리니 그는 내 종 다윗이라 그가 그들을 먹이고 그들의 목자라 될지라(겔 34:8, 23).

이스라엘이 멸망한 이유 중 하나는 바른 지도자가 없었기 때문입니다. 이를 회복시키기 위해 하나님이 선택한 사람을 다윗에 비유해 보낼 것을 약속하시죠.
다윗은 기름 부은 받은 왕이었습니다. 시대적 상황을 고려했을 때 하나님이 말씀하신 사람은 오래전부터 예언된 - 사 7:11, 미 5:2, 슥 9:9 - 예수님을 뜻합니다.
그를 통해 길을 잃은 양 떼의 백성을 구원한다는 것이죠.

목자를 통한 회복은 말씀을 따라 살던 모습으로 되돌리기 위함에 목적이 있음을 알 수 있습니다. 선택된 지도자를 통해 하나님을 떠난 사람을 회복시켜 되돌아오게 하는 것이죠.
한편, 목자를 세우는 것은 '인간을 버리지 않겠다.'라는 것을 반증합니다. 인간이 매번 죄를 지을 때 심판과 용서로 바로 잡으셨음에서 알 수 있죠.
「민족」이 하나가 되는 것은 에스겔을 한 골짜기 앞으로 데려가 환상으로 보여주십니다.

> 나를 골짜기 가운데 두셨는데 거기 뼈가 가득하더라 그 뼈가 심히 많고 아주 말랐더라(겔 37:1~2).

그 골짜기에는 많은 '마른 뼈'들이 즐비해 있었으며 이미 죽어 근육과 살은 썩어 없어진 상태였죠. 이때, 하나님은 에스겔에게 마른 뼈들이 살 수 있을지 질문합니다.
믿음이 강한 그는 "하나님의 말씀으로 살 수 있을 것"이라고 대답하죠. 그러자 하나님은 마른 뼈는 자기를 떠난 이스라엘이라며 지금은 육체와 영이 없지만, 에스겔의 믿음처럼 살려내실 것을 약속하십니다. 하나님은 약속에 대한 확답으로 에스겔에게 뼈를 향해 "힘줄과 가죽이 생기게 하고 생기가 돌아오라"라고 말하라 하죠. 에스겔이 그 말대로 행하자 마른 뼈에 살이 붙고 영이 들어가 큰 무리의 군대가 되는 환상을 보게 됩니다.
죽은 것이 다시 살아나는 것은 인간의 능력으로는 불가능한 일이지만 하나님에게는 아무것도 아닌 일이었습니다.
이것을 마른 뼈를 통해 보여주시고 영적으로 죽어있는 이스라엘이 살아날 수 있다는 희망을 갖게 한 것이죠.

> 나무가 죽어갈 때 주인은 다양한 방법으로 살리기 위한 노력을 합니다. 영양제나 비료를 주거나, 수분을 공급 하도록 팩을 연결해 두기도 하죠.
> 그런 노력에도 나무가 죽어갈 때는 썩은 가지와 잎을 제거하여 나머지 가지가 살도록 환경을 조성해 줍니다. 뿌리와 나무 속이 썩어있지 않는 한 다시 살아날 수 있기 때문입니다.

이스라엘은 썩어가는 나무처럼 멸망할 때까지 두 왕국으로 나누어져 있었습니다. 서로 융화되지 못했던 것이죠.
그래서 하나님은 이스라엘이 다시는 나뉘지 않을 것을 두 개의 막대기를 통해 설명해 주십니다.

> 너는 막대기 하나를 가져다가 유다와 이스라엘 자손이라 쓰고 다른 막대기 하나를 가지고 에브라임의 막대기라 쓰고 그 막대기들을 서로 합하여 하나가 되게 하라
> (겔 37:16~17).

막대기로 비유한 말씀은 회복된 이스라엘이 과거처럼 나뉘는 것이 아니라 하나가 되는 것입니다.
그리고 그 왕국에 "다윗이 그들의 왕이 되리라(겔 37:24)"라며 회복의 끝에는 목자를 세워 영원히 그들의 왕이 될 것을 말씀하시죠.
수명이 다하면 사라지는 인간의 왕이 아니라 영원한 생명을 가진 하나님의 목자를 말씀하신 것입니다.

> 옛날이야기 중에 재산을 물려주는 아버지가 아들들에게 화살을 주어 부러트리게 하는 이야기가 있었습니다.
> 화살 한 개를 부러트리기는 쉽지만, 여러 개의 화살을 부러 트리기 힘들다는 이야기죠.
> 이 이야기에는 '뭉쳐야 산다'라는 교훈이 있습니다. 각자 살려고 - 혹은 욕심 - 한다면 부러지기 쉽지만, 뭉치면 산다는 것입니다.

'마른 뼈와 두 막대기'의 비유는 성경의 다른 비유에 비해 이해하기 쉽습니다. 문자 그대로 읽어보면 하나님이 죽은 영 - 백성 -

을 다시 살리고 그들을 이끌 목자를 보내 시련을 이겨내도록 하시겠다는 것입니다.

한편, 두 이야기는 신앙생활을 돌아보게 하는 교훈도 담겨 있습니다. 예배에 참석해도 말씀으로 살아가지 못하면 영혼 없는 마른 뼈이자 두 개로 나뉜 막대기 신앙인 것이죠.

기준이 없을 때 선과 악만큼 모호한 개념은 없습니다.
그저 자신의 소견에 옳은 대로 정의를 내리죠. 그래서 정의와 공정은 기준 없는 사람에게 비웃음을 사기도 하죠.
하지만 우리는 알아야 합니다. 하나님이 우리 삶을 시작하셨고 그분 앞에서 인생의 마지막을 결산하게 될 것을.

∞ 다시, 약속의 땅으로 ∞

> 내가 그들을 모아 고국 땅으로 돌아오게 하고 그 한 사람도 이방에 남기지 아니하리니 그들이 내가 여호와 자기들의 하나님인 줄을 알리라(겔 39:28).

이스라엘의 회복을 보여주신 하나님은 그들이 포로 생활을 마치고 다시 고국으로 돌아올 것을 약속하십니다. 그리고 이 과정을 에스겔에게 하나씩 보여주시죠.

제일 먼저 보여주신 것은 이스라엘의 예정된 멸망으로 마곡의 왕이 여러 나라 - 바사, 구스 등 - 와 함께 침략한다는 것이죠. 그러나 심판하기 위한 수단으로 이방 국가를 사용했지만 그 나라도 멸망시킬 것을 약속하십니다. 오늘날 지도상으로 보면 이스라엘 북쪽 지역과 아프리카에 위치한 국가로 추측해 볼 수 있죠.

한편, 마곡 - 로스, 메섹, 두발지역 - 의 군대는 예언서인 〈요한계시록〉 20장에서도 묘사됩니다. 그런데 〈에스겔〉과 〈요한계시록〉에 기록된 마곡의 전쟁 이야기에는 차이점이 있습니다. 먼저, 〈에스겔〉서에는 마곡이 공격하지만 하나님의 임재로 대적을 쳐내고 이겨냅니다.
반면, 〈요한계시록〉에는 천년왕국이 끝나면서 사탄에 의해 전쟁이 시작되어 인류가 멸망하고 새로운 예루살렘이 만들어진다고 기록되어 있죠. 두 책에서 소개된 마곡의 전쟁은 현대의 신앙인에게 많은 논란거리가 되기도 합니다. 바로 종말론적 관점 - 이스라엘과 하마스 전쟁처럼 - 에서 연결 짓기 때문이죠. 현대적 시각에 종말론을 대입하면 실제 일어날 것 같은 착각을 가져옵니다. 이 세상에 전쟁·질병·자연재해가 빈번히 일어나고 있기 때문이죠. 그러나 이 책에서는 그런 논란에 대해 다루지는 않겠습니다.

다시 〈에스겔〉로 돌아와, 하나님은 마곡을 징벌한 후 다음 행보로 무너진 예루살렘 성읍과 성전을 재건하는 환상을 보여줍니다.

> 내가 본즉 집 바깥 사방으로 담이 있더라 그 사람의 손에 측량하는 장대를 잡았는데 그 길이가 팔꿈치에서 손가락에 이르고(겔 40:5).

하나님 손에 이끌려 이스라엘 땅으로 간 에스겔은 성읍의 형상을 측량하고 재건하는 모습을 보게 됩니다. 동서남북의 각 문과, 부속 건물까지 성읍과 성전이 함께 재건됩니다.
그리고 복원된 성전에 하나님이 들어가시는 모습을 보여줍니다. 과거 솔로몬이 성전을 건축했을 그 안에 들어가셨음을 떠올려보면 이 모습에는 상징적 의미 - 함께 하실 것을 약속 - 가 담겨 있는 것이죠.

에스겔이 환상으로 본 성전의 실제 재건은 1차 포로 귀환 후 시행됩니다.

> 하나님의 명령과 바사 왕 고레스와 다리오와 아닥사스의 조서를 따라 성전을 건축하며 일을 끝내되 다리오왕 제 육년에 성전일을 끝내니라(스 6:14~15).

〈에스라〉에 기록된 성전 재건의 기록은, 바사 고레스왕이 칙령[BC53]을 내려 시작되죠. 그리고 이 일은 스룹바벨 주도로 1차 포로 귀환 후[BC516]에 완성되며 당시 재건에 참여했던 〈학개〉, 〈스가랴〉에도 기록되어 있습니다. 그러나 규모 면에서 〈에스겔〉과 실제 성전이 재건된 〈에스라〉에는 차이가 있었습니다. 실제 재건된 성전의 규모가 작았기 때문이죠.
그럼에도 성전 회복은 이스라엘 백성이 신앙적으로 하나 되는데 구심점 역할을 했음에 그들은 감사했습니다.

마지막으로 보여준 환상은 지파별 땅을 분배한 것입니다. 열두 지파별로 경계를 정하면서 특이하게 외국인도 그곳에 머물면 그 지파에서 기업을 줄 것을 허락하십니다.

이전까지 이방인을 철저하게 분리하셨던 것에 비춰보면 파격적인 허락 - 예수님 시대에 이방인도 믿음으로 구원받게 됨 - 을 하신 것이죠.

에스겔에게 보여준 환상을 종합 해보면 그가 본 것은 새롭게 태어날 예루살렘임을 알 수 있습니다. 역사의 흐름 속에서 변화되는 것이 아니라 완전히 새로운 예루살렘이라는 것이죠. 이것은 그가 본 환상을 통해 두 가지 측면에서 추측해 볼 수 있습니다.
첫째, 마곡의 전쟁이나 성읍과 성전의 재건 - 규모 등 고려시 - 은 기록된 것처럼 당장 현실에서 일어나지 않습니다.
다만 소규모 전쟁이나 재건에 상징적 의미 - 포로 귀환 후 재건 - 를 부여해 회복의 역사로 이해할 수는 있죠.
둘째, 새로운 성전은 과거에 있었던 것이 묘사되지 않습니다. 하나의 예로 광야 생활 성막이나 솔로몬의 성전에는 성소와 지성소 사이에 휘장이 있었습니다.
그래서 제사장만 하나님을 만날 수 있었는데 재건된 성전에는 휘장이 언급되지 않습니다. 휘장의 역할이 없어지는 것은 수 세기 후 예수님이 인간의 죄를 대속해 십자가에 돌아가실 때 휘장이 찢겨 짐에 있었죠.
그런 의미에서 본다면 재건된 성전은 예수님을 상징하는 것으로 해석해 볼 수 있습니다. 그때부터 인간이 제사장을 통하지 않고 하나님을 만날 수 있었기 때문이죠.

에스겔은 여러 가지 환상을 보지만 그를 통한 하나님의 메시지는 분명 합니다. 선택된 자녀를 방치하지 않고 살아가게 한다는 것이죠. 이는 하나님 나라 백성의 정체성 - 변하지 않는 본질 - 이라

해도 과언이 아닐 것입니다.

- 회복의 중심에는 예수님이 있다 -

에스겔은 하나님으로부터 이스라엘 회복을 환상과 말씀으로 보고 들은 선지자였습니다.

그리고 그가 체험한 환상과 말씀의 중심에는 예수님의 임재가 연관되어 있었습니다.

이는 회복의 역사에 예수님이 함께 하신다는 것으로, 백성을 이끌 목자로 오셔서 그들을 구원하신다는 것이죠. 단순히 이스라엘 회복의 약속이 핵심이 아니라는 것입니다.

2_ 열국의 흥망성쇠를 예언한 다니엘

'하나님 계획안의 세상'

다니엘은 대 선지자라 불리는 사람 중 한 명입니다.
그는 바벨론 느브갓네살 왕이 예루살렘을 점령하자 그때 포로로 끌려가게 되었죠. 포로로 끌려간 다니엘은 독특한 이력을 지녔습니다.
바벨론 포로 생활 중 왕의 신임을 얻어 총리가 됩니다.
그리고 바벨론이 바사에 의해 멸망하지만, 그는 고레스 왕의 눈에 들어 총리직을 계속 수행합니다. 그가 높게 평가받았던 이유는 지혜로움과 함께 하나님으로부터 해몽하는 능력을 받았기 때문이기도 하죠.
그의 해몽은 왕의 궁금증을 해결하면서 열국의 흥망성쇠도 예언하는데 이 예언은 매우 의미가 깊습니다.
다가올 제국 - 바벨론, 바사, 헬라, 로마 - 의 세계사 속에 예수님의 임재를 동시에 예언하기 때문입니다.

한편, 다니엘의 해몽은 자칫하면 자기 목숨을 앗아갈 수 있는 위험부담 - 마음에 들지 않았을 때 - 이 큰 행동이었습니다. 그러나 그는 하나님의 뜻대로 망설임 없이 해몽합니다.
여기서 예상할 수 있는 그의 성정은 확고한 믿음의 신자 - 사자굴에서 살아남 - 이자 솔직한 성격의 선지자였다는 것입니다. 그래서 하나님이 다른 사람보다 다니엘을 통해 말씀을 전한 것이 아닐까? 추측해 볼 수 있죠.

〈다니엘〉서는 많은 비유와 고대 근동 역사가 담겨 있어 이해하는 데 어려움이 많습니다.
부연 설명이 없으면 무슨 말인지 알기 어렵다는 것이죠.
이번 장에서는 다니엘의 해몽을 통해 하나님이 세계의 역사를 어떻게 통치하고 계시는지 알아보려 합니다.
인간에 의한 국가의 탄생과 멸망이 아닌 하나님의 계획안에서 세계질서가 잡혀가는 것을 살펴보는 것이죠.

∞ 느브갓네살 두 번의 꿈 ∞

‖ 첫 번째 꿈, 열국의 흥망성쇠

바벨론의 느브갓네살 왕이 이해하기 어려운 꿈을 꾸고 일어나 지혜로운 사람을 모아 해몽하라 지시합니다.

그러나 그 나라의 많은 점쟁이와 술사들은 '신들 외에는 왕 앞에 그것을 해석할 자가 없다.'라며 포기하죠.
꿈을 해석하라는 것은 황당하면서 극히 주관적인 것입니다. 그래서 신하들의 대답이 성의 없거나 지혜롭지 못하다고 폄훼하기는 어렵습니다.
어찌 되었든 왕은 그들의 말에 화가나 근위대장에게 모든 지혜자를 죽이라 지시합니다. 이때, 다니엘이 근위대장을 만나 자기가 해몽할 테니 시간을 달라 청하고 하나님은 다니엘에게 환상을 통해 그 해답을 보여줍니다.

꿈에 대한 해석방법을 알게 된 다니엘은 근위대장을 만나 왕 앞에 서게 됩니다.

> 왕이 물으신 바 은밀한 것은 지혜자나 술객이나 박수나 점쟁이가 능히 왕께 보일 수 없으되 오직 은밀하신 것을 나타내실 이는 하늘에 계신 하나님이시라(단 2:27).

왕 앞에선 다니엘은 해몽이 하나님의 권능으로 해석한 것임을 먼저 상기시킵니다. 해몽은 자신이 아닌 창조주의 뜻 - 자기 지혜가 아니라는 것 - 임을 분명히 밝힌 것이죠. 그러자 왕은 다니엘에게 자신이 꾼 꿈을 다음과 같이 설명합니다.

> 큰 신상을 보았는데 머리는 순금이요 두 팔은 은이요 배와 넓적다리는 놋 이요 종아리는 쇠이며 발의 얼마는 쇠요 얼마는 진흙이었다. 또 왕이 보신즉 손대지 않은 돌이 나와 신상의 쇠와 진흙의 발을 쳐서 부서뜨리며 우상을 친 돌은 태산을 이루어 온 세

계에 가득하였다
(단 2:31~35).

느브갓네살의 꿈은 한 신상의 신체 부위가 각각 튼튼한 광물로 되어있지만 '돌 하나'에 의해 파괴된다는 내용입니다. 독특한 물질로 구성된 신상이면서 돌 하나에 파괴된다는 것에 너무 약해 보이기도 하죠.

다니엘은 왕이 말한 신상에 대한 꿈을 이렇게 해몽합니다.
첫째, 「순금gold」머리는 느브갓네살 왕을 말하는 것으로 하나님이 나라과 권세를 그에게 주셨음을 뜻한다고 합니다.
황금은 지금도 높이 평가받는 광물로 당시 왕이 지상 최고임을 말한 것입니다.
둘째, 「은silver」두 팔은 왕보다 못한 이가 나라를 일으킬 것을 말하며, 셋째, 배와 다리의 「놋brass」은 그와 같은 나라가 일어나 온 세계를 다스릴 것이라고 합니다.
넷째, 「쇠iron」종아리는 강한 나라가 모든 나라를 부서뜨릴 것을 말하며, 마지막 「쇠와 진흙」의 발은 얼마 동안 든든하지만 부서져서 다른 민족과 섞일 것이라고 합니다.
끝으로 손대지 않은 「우상을 친 돌」은 하나님이 장래의 일을 왕에게 알게 한 것이라며 해몽이 확실함을 주장하죠. 다니엘이 해몽을 마치자 왕은 하나님을 높여 찬양합니다.
그의 행동은 하나님에 대한 경외심과 만족스러운 해석에서 나온 행동이라 볼 수 있습니다.

다니엘의 해몽이 왕에게 듣기 좋은 말로 치부될 수 있지만 오늘날 세계사에 존재했던 국가였음에 허언이 아님을 알 수 있습니다. 먼저, 「순금」머리였던 바벨론은 바사에 의해 멸망합니다. 그리고 바사는 「놋」에 해당하는 알렉산더 대왕의 헬라에 의해 멸망하고, 헬라는 강력했던 로마 - 쇠 종아리 - 에 의해 멸망하죠.

이후 로마는 395년에 동·서로 나뉘고 480년에 서로마제국이 멸망합니다. 그 후 유럽에 여러 국가가 생기게 되는데 이것을 「쇠와 진흙」의 발로 해석해 볼 수 있습니다.

그리고 다니엘이 해몽한 「우상을 친 돌」은 신앙적 관점에서 생각해 보면 상징성에 의미를 둘 수 있습니다.

말씀에서 유추해 봤을 때 돌은 우상을 향해 내리쳐집니다. 공교롭게도 그 나라들은 모두 우상을 숭배했습니다.

그래서 하나님이 용서하지 않고 그들을 멸망시켜 뜻 - 돌은 태산을 이루어 온 세계에 가득함 - 을 이루시겠다는 것을 암시한다고 볼 수 있죠.

열국의 흥망성쇠를 예언한 왕의 꿈은 하나님이 창조주로 세계를 다스리시고 있음을 암시합니다. 바벨론이 하나님의 백성인 이스라엘을 멸망시켰던 것이 이를 증명 - 바벨론 이라는 도구를 사용하여 심판 - 하고 있죠.

∥ 두 번째 꿈, 왕의 교만에 대한 벌

느브갓네살의 두 번째 꿈은 개인의 문제에 대한 것이었습니다. 이때도 많은 술사와 점쟁이들에게 해몽을 요구했지만, 그들이 답을 찾지 못하자 다니엘을 찾게 되죠. 그의 꿈은 다음과 같았습니다.

> 땅의 중앙에 한 나무가 자라 그 높이는 하늘에 닿았으며 열매가 많고 들짐승과 공중의 새가 가지에 깃들고 육체를 가진 모든 것이 거기에서 먹을 것을 얻더라(중략), 한 거룩한 자가 하늘에서 내려와 나무를 베고 뿌리의 그루터기를 남겨두고 쇠와 놋줄로 동이고 들풀 가운데 두고, 짐승의 마음을 받아 일곱 때를 지내리라(단 4:12~16).

왕의 꿈을 요약해 보면 한 그루의 나무가 번창하다가 하늘의 사람에 의해 잘려나간 후 버려져 칠 년을 지낸다는 의미가 담겨 있습니다. 다니엘은 이 꿈에 대해 하나님으로부터 받은 해몽을 왕에게 이렇게 설명합니다.

'중앙의 나무'는 왕을 뜻하는 것으로, 그 나무처럼 왕권이 견고한 가운데 권세가 땅끝까지 미친다고 하죠.
그러나 '하늘의 거룩한 자'가 나무를 벤 후 버려둔 채 7년을 지내라 한 것은, 그 자리에서 쫓겨나 풀을 뜯어 먹으며 지내는 기간이라고 말합니다. 권세와 영광을 받았지만 하나님을 떠나 살면 대가를 치른다는 경고였죠.
그의 꿈은 왕에게 앞으로 닥칠 일을 미리 알려주는 예언으로 자중하라는 의미가 담겨 있었던 것이었습니다.

하지만 느브갓네살은 해몽을 깊이 생각하지 못하고 1년 후 자기 능력과 권세로 제국이 세워졌음을 자랑합니다.
이때, 하늘에서 왕을 향해 "왕위가 네게서 떠났다."라는 소리가 들려옵니다.

그때부터 왕의 정신은 망가져 들에서 소처럼 풀을 뜯어 먹고 살게 되죠. 요즘으로 보면 정신병자가 된 것입니다.
그렇게 7년을 보낸 후 정신이 돌아오자, 왕은 하나님을 향해 경배하며 교만했던 자신을 되돌아보게 됩니다.

면종복배面從腹背 라는 사자성어가 있습니다.
겉으로는 복종하는 척하면서 속으로는 반대하거나 비판한다는 말로 인간의 이중적인 태도를 묘사한 것이죠.
느브갓네살의 태도도 이와 같았습니다. 해몽으로 답을 찾을 때는 하나님을 찬양했지만, 왕의 권위를 버리지 못해 스스로 높여 교만한 행위를 멈추지 못한 것이죠.

느브갓네살 꿈을 통해 하나님은 이스라엘 민족만의 창조주가 아님을 말씀하십니다. 그의 첫 번째 꿈을 통해 세계의 흥망성쇠는 하나님의 계획에 있음을 말하셨고, 두 번째 꿈에서는 왕의 능력만으로 통치할 수 없음을 알게 하였죠.
히나님은 두 꿈을 통해 유일한 신 - 태초에 하나님이 천지를 창조하셨다(창 1:1) - 이 누구인지 분명히 알게 했습니다.
비록 이스라엘이 느브갓네살의 손에 의해 멸망했지만, 그 또한 하나님 손안에 있었던 것이죠.

∞ 환상의 본 열국의 흥망성쇠 ∞

바벨론을 마지막으로 다스렸던 벨사상 왕 시절 다니엘은 동물 환상을 통해 열국의 흥망성쇠를 보게 됩니다.
그가 본 환상은 「네 가지 동물」과 「숫양과 숫염소」로 〈다니엘〉 7장과 8장에 언급됩니다.

7장에 언급된 「네 가지 동물」에 관한 모습은 이렇습니다.

> 첫째는 사자 같고, 둘째는 곰과 같고, 표범과 같은 것에는 날개 넷과 머리 넷이 권세를 받았더라. 넷째 짐승은 매우 강하여 다른 짐승과 다르고 열 뿔이 있더라(단 7:4~7).

그가 본 동물 환상은 느브갓네살의 꿈과 유사한 열국의 흥망성쇠가 담겨 있습니다. 물론 당시에는 이해하기 힘든 환상이었을 것입니다. 바로 앞도 보기 힘든데 비현실적인 동물로 앞날을 예측하는 것은 더욱 힘든 일이죠.
그런데 23절 '넷째 짐승이 온 천하를 삼킬 것'이라는 말에서 해법을 찾을 수 있습니다. 느브갓네살 꿈처럼 세계사에 등장했던 나라와 상관관계가 있기 때문이죠.
다니엘을 기준으로 보면 '사자'는 바벨론을 뜻하며, '곰'은 바벨론을 멸망시킨 바사로 볼 수 있습니다.
그리고 '표범'은 유럽과 바사까지 점령한 알렉산더 대왕의 헬라로 볼 수 있죠. 그럼 표범의 네 개의 날개와 머리는 어떻게 해석해야 할까요? 그 해답은 알렉산더가 죽은 뒤 제국의 분열에 힌트가 있습니다. 알렉산더가 죽을 때 그가 후계자를 정하지 않아 장군들에 의해 제국은 네 개 – 카산더의 마케도니아, 리시마코스의 소아시아, 셀류코스의 시리아와 바벨론, 톨레미의 이집트 – 로 나뉘어 그들이 통치하게 되죠.
특히, 셀류코스와 톨레미는 훗날 이스라엘 민족에게 직접적인 영향을 미치는 왕조 - 남방 왕과 북방 왕으로 묘사(단 11:2) - 로 발전합니다. 끝으로 「열 개의 뿔」을 지닌 짐승은 헬라를 멸망시킨 로마로 예상할 수 있죠.

2년 뒤 다니엘은 「숫양과 숫염소」에 대한 환상을 경험합니다. 특이한 점은 그가 본 환상은 당시 포로 생활하던 바벨론이 아닌 바사의 수산 성이었다는 것이죠. 이곳에서 환상을 본 것은 예언이 바사와 연관되어 있음을 시사합니다.

> 숫염소가 서쪽에서 나와 온 지면에 다니되 두 눈 사이에 뿔이 있고 숫양을 쳐서 두 뿔을 꺾고 강대해지더니, 뿔이 꺾이고 뿔 넷이 났더라. 그중 한 뿔에서 작은 뿔이 나서 남쪽과 동쪽을 향해 커져 제사를 없애 버렸고 성소를 헐었으며(단 8:5~10).

환상을 본 다니엘이 그 뜻을 궁금해할 때 천시 가브리엘이 나타나 설명해 줍니다.

> 두 뿔 가진 숫양은 메대와 바사 왕이요, 숫염소는 헬라 왕이요, 두 눈 사이 큰 뿔은 첫째 왕이요, 네 뿔은 네 나라가 일어나되 그의 권세만 못하리라. 네 나라 마지막 때에 한 왕이 강한 자들과 거룩한 백성을 멸하리라
> (단 8:20~24).

다니엘이 본 환상은 헬라가 바사를 멸망시킨다는 예언이었습니다.

첫째 왕은 알렉산더 대왕을, 네 왕은 그의 장군들이 세운 왕국을 의미합니다. 그러나 그들도 결국 한 명의 왕에 의해 멸망한다 라고 하죠.
이는 8장 9절 '한 뿔이 남쪽과 동쪽에 커져 제사를 없애고 성소를 헐었다'와 24절 '한 왕이 거룩한 백성을 멸하리라'의 말에서 연관성을 찾아볼 수 있습니다.
실제 한 뿔인 셀류코스 왕조 - 현재의 시리아 지역 - 의 안티오코스가 예루살렘을 다스리면서 경악스런 일을 저지르죠.
그는 제우스 신상과 자기 동상을 세워 그 발아래에서 제사를 지내게 하는 등 유대를 박해합니다.
8장에서 우려한 경고가 훗날 일어나 다니엘의 환상이 우연이 아님을 증명한 셈입니다.

많은 환상과 말씀은 다니엘도 해석하고 이해하기에 어려워했습니다. 내일 일도 모르는데 열국의 흥망성쇠는 상상력을 동원해도 한계가 있죠.
그러나 현재를 살아가는 우리는 알고 있습니다. 성경 말씀이 역사적으로 증명되었다는 것을.

∞ 칠십 이레의 예언 ∞

다니엘은 다리오 왕 때 예레미야가 하나님으로부터 받았던 '예루살렘의 황폐함이 70년에 그치리라'는 연수를 깨닫고 - 포로생활(BC606년) 후 66년 지난 시점(BC539년) - 기도드립니다. 그때, 천사

가브리엘이 나타나 지혜와 총명을 주겠다며 보여줄 환상을 깨달으라고 하죠.

> 예루살렘을 중건하라는 영이 날 때부터 기름 부음을 받은 자 곧 왕이 일어나기까지 일곱 이레와 예순두 이레가 지날 것이요 예순두 이레 후 기름 부음을 받은 자가 끊어져 없어질 것이며 장차 한 왕의 백성이 와서 그 성읍과 성소를 무너뜨리려니
> (단 9:25~26).

위 말씀의 핵심 단어는 「일곱 이레」, 「예순 두 이레」입니다. 성경에서 말하는 이레는 보통 7년 – 가나안땅 정탐 40일의 하루를 1년으로 계산해 40년 광야 생활한 것에 기인 – 을 말하죠. 그래서 「일곱 이레」는 49년을, 「예순 두 이레」는 434년으로 계산되며 27절에 추가된 한 이레를 더하여 총 490년으로 해석합니다.

말씀에 대해 구체적으로 살펴보면 다음과 같습니다.
먼저 「일곱 이레」는 예루살렘 중건과 연관되어 있습니다. 성경에서 살펴보면 예루살렘 중건은 아닥사스왕 재위 이십 년[BC445] 차에 느헤미야를 통해 허락합니다.
그때부터 칠 이레(49년) 뒤는 BC396년으로 구약성경의 마지막인 〈말라기〉에 해당하죠. 이어서 「예순 두 이레」를 계산해보면 AD30~40년 사이로 예수님이 세례를 받고 십자가에 돌아가신 시기입니다.

이레에 대한 계산을 통해 다니엘이 받은 예언은 앞으로 일어날

이스라엘에 대한 예언이라는 것을 알 수 있죠.
그런데 27절에 추가되는 「한 이레」에 대한 것은 해석은 생각처럼 쉽지 않습니다.

> 그가 한 이레 동안 언약을 맺고 이레의 절반은 제사를 금지할 것이며 이미 정한 종말까지 진노가 황폐하게 하는 자에게 쏟아지리라(단 9:27).

위 말씀에 의하면 「육십구 이레」 후 7년의 절반에 해당하는 3년 6개월은 제사가 금지되며, 세상의 종말 전까지 하나님이 진노하신다는 말입니다. 그런데 예수님이 돌아가신 후 세상의 모습은 제자들이 복음을 전파하던 시대였습니다.
그래서 「한 이레」를 해석할 때 객관적 사실보다 종말론적 시각으로 해석하는 문헌들이 많습니다.
이것은 복음서나 〈요한계시록〉에 기록된 말씀을 통해서 많이 인용하죠. 한 예로 〈마태복음〉 24장 15절에 예수님이 제자에게 큰 환난에 대해 이렇게 말씀하십니다.

> 선지자 다니엘이 말한바 멸망의 가증한 것이 거룩한 곳에 선것을 보거든 유대에 있는 자들은 산으로 도망할지어다(중략), 그리스도가 광야에 있다 하여도 나가지 말고 보라 골방에 있다하여도 믿지 말라(마 25:15~26).

예수님이 제자들에게 남긴 재난의 징조는 예루살렘의 멸망에 관한 것이었습니다. 시기는 정확하지 않으나 언젠가 벌어진 일을 말씀하신 것이죠. 그런데 우리가 정확한 연도를 예측해야 할까요?

그것보다 말씀에 주목해야 합니다.

> 천지는 없어질지언정 내 말은 없어지지 아니하리라 그러나 그날과 그때는 아무도 모르나니(마 25:35).
> 깨어 있으라 어느 날에 너희 주가 임할는지 너희가 알지 못함이니라(마 25:42).

위 말씀은 멸망이 부르더라도 하나님 앞에 당당히 설 수 있는 믿음이 중요하다는 것을 말하고 있죠.
그리고 그것은 예수 그리스도를 통해 달성할 수 있으니 제자에게 믿음을 잃지 않고 깨어 있으라 당부하신 것입니다.
언제 벌어질지 모르는 일을 걱정하기보다 그 일이 오기 전에 믿음을 유지하는 것이 중요한 것이죠.

다니엘이 받은 「칠십 이레」는 성경과 세계사적 사실을 대입해서 이해하기에는 어려움이 있습니다. 특히 비유나 은유적인 문장은 해석의 신리성을 이신하게도 하죠.
그러나 신앙인으로서 가질 수 있는 가장 1순위 해석방법은 성경입니다. 그 안에서 원래의 뜻을 이해하고 의미를 찾는 것이죠. 그 후 역사적 연대와 사실을 살펴봄으로 예언을 통해 말하고자 하는 의미를 되새겨 봐야 합니다.
그래야 주관적인 견해나 억지스러운 해석을 피할 수 - 성경은 인문학적 사고로 이해할 수 없다 - 있습니다.

예언론적 사고에 빠지는 것에 주의해야 합니다.
잘못된 해석은 종말론이라는 극단적 사고로 이어져 사람을 혼란스럽게 하죠. 과거 우리나라에도 이런 일이 있었습니다.
90년대 휴거 사건이 대표적이죠. 그러나 그 일은 실제 일어나지 않았지만 그로 인해 인적, 물적 재산 피해가 많이 발생했었습니다.

∞ 환난 가운데 빛나리라 ∞

〈다니엘〉서 마지막 12장은 하나님이 그에게 남긴 마지막 날에 대한 예언을 담고 있습니다.

> 그때에 네 민족을 호위하는 큰 군주 미가엘이 일어날 것이요 또 환난이 있으리니 이는 개국 이래로 그때까지 없던 환난일 것이며 그때에 네 백성 중 책에 기록된 모든 자가 구원을 받을 것이라(단 12:1).

위 말씀에 나오는 '그때'는 명확히 언제인지 알 수 없습니다. 그러나 문맥을 살펴보면 어려운 시기에 천사 미가엘 같은 사람이 나타나 환난은 계속된다는 말로 해석이 가능하죠. 그러나 하나님은 이스라엘을 그대로 내버려두지 않으시겠다는 것을 다니엘에게 약속 하십니다.

> 지혜 있는 자는 궁창의 빛과 같이 빛날 것이요 많은 사람을 옳은 데로 돌아오게 한 자는 별과 같이 영원토록 빛나리라(단 12:3).

다니엘처럼 말씀을 따라 살아가는 지혜로운 자는 밝고 빛날 것이라 축복하신 것입니다.

그런데 '많은 사람을 옳은 데로 돌아오게 한 자'는 특별히 영원토록 빛날 것을 약속하십니다. 이 문장에 의미를 되새겨 보면 많은 사람을 데려오는 사람은 전도자의 역할입니다.

성경에 이런 역할을 했던 사람은 바벨론 포로 귀환을 성공시켰던 스룹바벨, 에스라 등이 있습니다.

그들은 바사 왕들을 통해 수많은 백성을 끌고 고국으로 돌아갔죠.

그렇게 돌아온 사람들에 의해 성전과 성읍이 재건되고 이스라엘은 신앙적 무장 상태를 찾게 됩니다.

오늘날 이 말씀이 주는 교훈은 믿음 없는 사람들에 대한 교회로의 전도를 의미합니다. 하나님 앞에 많은 사람을 돌아오게 함 - 태초에 하나님이 인간을 창조 - 으로 구원의 약속을 성취하는 것이죠.

한편, 다니엘은 하나님을 통해 본 환상과 말씀을 모두 이해하지 못해 "이 모든 일이 결국 어떻게 됩니까?(단 12:8)"라고 물었습니다. 그러자 하나님은 이렇게 답하시죠.

> 다니엘아 갈지어다 이 말은 마지막 때까지 간수하고 봉함할 것임이니라(중략), 악한 자는 아무것도 깨닫지 못하되 오직 지혜있는 자는 깨달으리라(단 12:9~10).

하나님은 다니엘이 모든 것을 이해 못 해도 앞을 향해가라 합니다. 지금은 깨닫지 못해도 지혜 - 여호와를 경외하는 것이 지혜의 근본(잠 9:10) - 로움을 갖는 자는 알게 된다는 것이죠.

그리고 다니엘에게 마지막으로 이 말씀을 하십니다.

> 너는 가서 마지막을 기다리라 이는 네가 평안히 쉬다가 끝날에는 네 몫을 누릴 것 임이라(단 12:13).

하나님은 다니엘에게 마지막 날에 누릴 평안을 약속하십니다. 그가 하나님을 경외함으로 얻은 보상이죠.

신앙인들이 성경을 많이 봐도 깨닫는 것에 한계가 있다고 말합니다. 그런데도 신앙인은 믿음을 갖고 예배와 찬양을 드리죠. 이것은 그 안에 살아갈 지혜가 분명 있다는 것을 알기 때문입니다. 하나님이 다니엘에게 남긴 마지막 말씀은 우리에게 남긴 말로 해석해 볼 수 있습니다. 옳은 일을 행하고 악함에서 떨어져 산다면 끝날 날에 구원받을 것이라는 거죠.

- 세계는 하나님 손안에 -

하나님이 다니엘을 통해 보여준 환상은 세계사의 흐름이 담겨 있었습니다. 바벨론 · 바사 · 헬라 · 로마로 이어지는 역사적 사실과 제국의 분열까지 보았습니다.
그 후, 다니엘은 예루살렘의 중건(구약종료)과 예수그리스도의 부활, 세계의 종말까지 보고 그것을 기록으로 남깁니다.

당시에는 무슨 의미인지 해석하기 어려웠을 것입니다.
그런데도 하나님이 국가의 흥망성쇠를 그에게 보여준 것은 미래세대가 누구의 백성인지 알게 하는 의미를 담았다 할 수 있습니다. 우리가 과거 세계사를 배우면서 알 수 있으니까요.

〈다니엘〉서에 담긴 국가의 흥망성쇠는 하나님이 창조주로서 세계를 운영하심을 알 수 있게 합니다. 그리고 종말론적 사고를 연구하는 것보다 중요한 것은 신실한 믿음이며, 하나님 곁에 머무르는 것임을 알게 하죠.

Part 4
구원의 질서

너희는 내가 명하는 대로 행하면 곧 나의 친구라

(요한복음 15:14)

1_
이 땅의 왕으로 오신 예수

'구원자 예수 그리스도'

이스라엘은 수 세기 동안 이방의 지배를 받으며 하나님의 말씀을 잊고 지내는 시간을 보냅니다. 그 기간 백성은 우상숭배 등의 악행에 빠져들었죠. 이때 구약을 통해 예언되었던 하나님의 아들이신 예수님이 이 땅으로 오십니다.

> 보라 처녀가 잉태하여 아들을 낳을 것이요 그의 이름은 임마누엘이라(사 7:11).

예수님의 탄생은 하나님이 천사 가브리엘을 마리아에게 보내 성령 - 하나님의 영적 활동 - 으로 잉태됨을 알리는 것에서 시작됩니다. 당시 마리아는 요셉과 혼전 상대였습니다. 자칫하면 마리아가 오해받을 상황에서 가브리엘이 요셉에게도 예수님 탄생을 알려 안심시킵니다.

예수님의 생애 활동은 4대복음서 – 마태 · 마가 · 누가 · 요한복음 – 에 표징과 말씀으로 기록되어 있습니다.
여기에는 많은 사람을 질병과 사망에서 구하고, 제자들과 백성을 가르쳐 깨우치는 모습이 담겨 있죠.
특히, 예수님의 표징과 기적적인 치유 장면은 많은 사람이 하나님의 아들임을 인정하는 계기가 되기도 합니다.
하지만 기적 때문에 예수님이 하나님의 아들이라 생각한다면 큰 오산입니다. 근본적인 이유는 인간의 죄를 대신해 짊어지고 우리를 구원하기 위해 오셨기 때문이죠.

이번 장에서는 예수님의 기적을 다루는 것이 아닙니다. 공생애 Public Life 기간 우리에게 남긴 말씀에 주목하고자 하죠.
비유와 은유로 남기신 말씀을 이해하고 그 속에 담긴 참된 의미를 살펴보는 것입니다.

∞ 요한에게 세례를 받으심 ∞

요단강에서 유대인들이 죄 사함을 받도록 세례를 베풀던 요한이라는 사람이 있었습니다. 그의 아버지는 제사장 스가랴였으며, 어머니 엘리사벳은 아론의 후손이었습니다.
한마디로 요한은 정통 제사장의 후손이죠. 그런데 그는 단순히 세례를 주던 사람이 아니라 예수님을 영접하기 위해 준비된 자로 〈말라기〉에도 기록되어 있습니다.

> 내가 내 사자를 보내리니 그가 내 앞에서 길을 준비할 것이요 너희가 구하는 바 주가 갑자기 그의 성전에 임하시리(말 3:1).

여느 때와 같이 세례를 베풀던 요한은 사람들에게 자신은 앞으로 오실 분에 비해 보잘것없다 - 나보다 능력 많으신 이가 내 뒤에 오시나니(막 1:7) - 라는 말을 전합니다. 또한, 자기의 물세례는 그분이 주시는 '성령의 세례'에 비교할 수 없음도 고백하죠. 요한이 세례를 베풀었다는 것은 사람들에게 인격적으로 인정받고 있었음을 의미합니다. 그런 사람이 자기보다 높은 사람이 올 것을 말했을 때 사람들은 아마 '무슨 말인가?'싶었을 것입니다. 그때 운명처럼 예수님은 요단강에 있는 세례 요한 앞에 나타납니다. 그리고 그에게 세례를 받을 것을 원하시죠.

> 초등학생 아이에게 세례 요한의 상황을 설명하고 만약 네가 요한이면 어떨까? 라고 물었습니다. 그러자 돌아온 답변은 '당황스러워서 뇌 정지가 올 것 같다.'라고 합니다. 생각하지 못한 상황이라는 것이죠.

예수님이 오심을 알았던 요한은 그 상황에서는 아이들처럼 당황스러웠을 것입니다. 그래서인지 요한은 "자신이 오히려 세례를 받아야 한다."라며 말하죠.
이때, 예수님은 요한에게 이렇게 말씀하십니다.

> 허락하라 우리가 이와 같이 하여 모든 의를 이루는 것이 합당하니라(마 3:15).

예수님이 말한 「의를 이룬다는 것」은 무엇을 의미할까요?

이것은 '예언적 의미'와 '과정적 의미'로 해석해 볼 수 있습니다.
첫째, 예언적 의미는 말 그대로 하나님이 오래전 예수님의 탄생을 예언 – 너희는 광야에서 여호와의 길을 예비하라 사막에서 우리 하나님의 대로를 평탄하게 하라(사 40:3) – 하심을 이룬다는 것입니다.
이 관점에서 보면 예수님의 세례도 하나님의 예언을 이루는 것이라 볼 수 있죠.
둘째, 과정적 의미는 죄를 씻는 세례의 목적 – 죄를 씻고 태어남 – 에 의미가 있습니다. 예수님은 완전하신 분이지만 그 행위에 동참하심으로 죄인인 인간을 구원하기 위한 준비를 마치신 것이죠. 세례를 통해 죄 없이 사역을 시작하신 겁니다.

한편, 세례를 베푼 요한은 이런 말을 함께 남깁니다.

> 보라 세상 죄를 지고 가는 하나님의 어린 양이로다. 내가 보고 그가 하나님의 아들이심을 증언하노라(요 1:29, 34)

그의 말은 예수님이 오신 이유와 누구를 통해 왔는지 명확하게 알게 합니다. 그리고 '어린 양'의 표현에서 인간의 죄를 대신할 제물의 성격 – 속죄제 등 제사의 제물에 동물을 사용했음에 비추어 – 도 띠고 있음을 예상할 수 있죠.
위 말씀을 통해 예수님의 세례는 단순히 개인의 죄를 씻기 위함이 아님을 알게 합니다. 인간을 대신해 죄를 짊어지고 가실 분이라는 것이죠.

예수님이 세례를 받는 모습에서 어떤 사람들은 굳이 세례를 받을 필요가 있었나? 라는 질문을 합니다. 완전하신 하나님의 아들이기 때문이죠.

여기에 대한 답을 찾는다면 두 가지로 설명할 수 있습니다. 첫째, 인간의 모습으로 오신 예수님에게 있습니다.

당시 신앙적 믿음이 있던 사람은 세례를 통해 죄를 씻고 새롭게 태어나는 삶을 살았습니다.

예수님도 인간의 몸으로 오셨기에 그들처럼 사고하고 행동하실 필요가 있던 것이죠.

죄가 없는 가운데 활동의 명분을 갖춘 것이라 볼 수도 있죠.

둘째, 요한을 통한 메시아의 등장을 선포한 것입니다.

요한의 입에서 - 백성이 다 세례를 받을새 예수도 받으시고 기도하실 때에 하늘이 열리며(누 3:21) - '신발 끈조차 풀기 어려운 분'이라는 말을 하게 합니다. 당시 예수님이 누구인지 아무도 몰랐던 시대였음을 감안 하면 백성에게 예수님의 존재가 자기보다 크다는 것을 알게 한 것이죠.

예수님의 탄생은 복음서의 기록을 통해 알 수 있습니다. 성령으로 잉태되었던 모습부터 동방박사의 축복, 헤롯 왕이 죽이려 했던 것 등 다양한 이야기가 담겨 있죠.

그러나 우리는 탄생 과정보다 - 자칫 동화 속 이야기로 매도될 수 있다 - 어떻게 공생애를 보내셨는가에 주목해야 합니다.

그 기간 - 세례부터 승천까지 - 동안 남긴 말씀이 오늘날 신앙인으로 살아가는 원동력이 되기 때문이죠.

∞ 사탄과 대적하다 ∞

요한으로부터 세례받은 예수님은 광야로 발길을 돌립니다. 그리고 그곳에서 40일 동안 금식한 가운데 사탄의 시험을 받으시죠. 사탄의 시험은 세 가지였습니다.
첫째, 굶주림에 이적의 능력을 보이라며 "네가 만일 하나님의 아들이거든 이 돌들로 떡 덩이가 되게하라(마 4:3)"합니다. 사탄의 이 말에 예수님은 모세의 말로 대신하죠.

> 사람이 떡으로만 살 것이 아니요 하나님의 입으로부터 나오는 모든 말씀으로 살 것이라(신 8:3).

예수님의 말씀은 모세가 가나안에 들어가기 전 백성을 위한 가르침이었습니다. 음식을 먹는 것으로 삶의 이유를 찾는 것이 아니라 하나님의 말씀을 지키고 살아가라는 의미였죠.
그렇게 할 때 하나님은 우리에게 필요한 것을 주시는 분임을 알게 한 것입니다.
예수님은 광야에서 장기간의 굶주림 속에서도 살아갈 수 있는 것은 하나님에 대한 믿음뿐임을 강조한 것이죠.

둘째, 하나님을 향한 믿음에 대한 시험이었습니다.
사탄은 예수님을 성전 꼭대기에서 뛰어내리라 합니다. 만약 "하나님의 아들이라면 그의 사자들이 손으로 받들어 살리리라"는 것이죠. 이 말에 예수님은 이렇게 대답하십니다.

주 너의 하나님을 시험하지 말라 하였느니라(마 4:7).

예수님 말씀은 출애굽 백성이 물을 만들어 달라며 모세를 통해 하나님을 시험 - 여호와께서 우리 중에 계신가 안 계신가 하였음이라(출 17:7) - 했던 것을 비유한 말입니다.
예수님은 그 백성처럼 무지한 분이 아니셨음에 하나님을 시험하는 것은 불충임을 한마디로 정의하신 것입니다.
그런데 여기서 놓치지 말아야 할 것 중 하나는 시험 장소가 성전 꼭대기였다는 것이죠. 장소를 놓고 보면 사탄은 하나님을 모욕하기 위해 시험을 준비한 것으로 보입니다. 하나님을 상징하는 곳에서 그의 아들이 뛰어내리는 것은, 경외심을 무너트리는 행위가 될 테니까요.

셋째, 욕심에 대한 시험이었습니다. 사탄은 예수님께 천하만국을 보여주며 "자신에게 경배하면 이 모두를 줄 것을 약속"하죠. 이 말에 예수님은 이렇게 대답하십니다.

사탄아 물러가라 주 너의 하나님께 경배하고 다만 그를 섬기라 하였느니라(마 4:10).

이 말씀은 〈신명기〉 6장 13절 "네 하나님 여호와를 경외하며 그를 섬기며 그의 이름으로 맹세할 것이니라"말에서 인용된 것입니다. 모세가 출애굽 백성에게 누가 우리를 탈출시키고 이끌어 주셨는지 잊지 말고 섬기라고 가르쳤던 말이죠.
필요가 아닌 욕심은 하나님과 관계의 문제를 낳습니다.

사탄은 그런 마음을 가만두지 않고 배고픔에 돌을 삼키게 하고 낭떠러지에 떨어지더라도 더 큰 박수를 받으라 하죠. 그리고 세상을 속여서라도 모두 다 가지라고 유혹합니다.
하지만 욕심을 분별할 수 있다면 하나님의 풍부하심을 경험할 수 있습니다.

사탄의 세 가지 시험은 우리 삶에 언제든 찾아올 수 있는 시험입니다. 기적을 바라고 믿음을 시험받으며, 유혹에 못 이겨 하나님을 등지는 것들 말이죠.
그러나 우리는 이 시험에 대해 걱정을 덜 수 있습니다.
예수님이 사탄의 시험을 통해 우리 삶 속의 답을 해주셨기 때문입니다. 그것도 새로운 말씀이 아닌 하나님이 선지자들을 통해 줄곧 전해왔던 말씀으로 말이죠.
이점에 비춰보면 예수님은 새로운 신앙적 회복을 우리에게 가르치는 것이 아님을 알 수 있습니다. 오래전부터 전해져온 하나님의 말씀을 이루기 위해 오신 것이죠.

- 왕으로 오신 예수 그리스도 -

우리가 예수님을 부를 때 그리스도라는 단어를 함께 사용합니다. 그런데 그 뜻을 잘 모르고 쓰는 경우가 많죠. 그리스도라는 뜻은'기름 부음 받은 사람'이라는 말입니다. 하나님이 선지자나 왕을 선택하실 때 기름을 부음으로 그 사람을 쓰시는 것이죠.
예수님은 요한을 통해 세례를 받으시고 인간들처럼 기름부음 받은 사람의 모습으로 오셨습니다. 인간에게 보여지는 정통성을 확증한 것이죠.
그리고 인간처럼 사탄의 시험을 받으면서 고통과 괴로움을 이겨내십니다. 굳이 받을 필요 없어 보이지만, 예수님이 시험을 이겨내심으로 사탄과 대적할 수 있는 승리를 거머쥐게 된 것입니다.

성경의 많은 왕들이 시험을 받지만 예수님처럼 사탄과 영적 전쟁에서 완전한 승리를 한 적은 없습니다. 인간의 본성이 신앙심을 이기는 경우가 많기 때문이죠.
우리는 여기서 교훈을 찾을 수 있습니다.
사탄의 수많은 유혹 앞에 흔들리지 않으려면 믿음과 말씀으로 살아가야 함을.

2_
성전은 하나님의 안식처

'성전은 하나님과 인간이 만나는 곳'

〈요한복음〉을 보면 예수님이 가나안의 혼인 잔치에서 물로 포도주를 바꾸는 기적을 보이신 뒤 예루살렘 성전으로 가십니다. 그런데 눈 앞에 펼쳐진 성전의 모습에 경악을 금치 못하시죠.

> 성전 안에서 소와 양과 비둘기 파는 사람들과 돈 바꾸는 사람들이 앉아 있는 것을 보시고(요 2:14).

성전은 마치 시장처럼 물건을 사고파는 상행위가 이뤄지고 있었습니다. 그 모습을 두고 볼 수 없었던 예수님은 노끈으로 채찍을 만들 쫓아내시며 이렇게 말씀하십니다.

> 내 아버지의 집으로 장사하는 집을 만들지 말라
> (요 2:16).

그런데 〈요한복음〉과 달리 공관복음共觀福音 - 같은 관점에서 유사성이 많은 - 으로 불리는 〈마태 · 마가 · 누가복음〉에는 성전에서 상행위가 성경 후반부에 기록됩니다.

> 내 집은 기도하는 집이라 일컬음을 받으리라 하였거늘 너희는 강도의 소굴을 만드는 도다(마 21:13).

위 말씀에서 보듯 예수님의 말씀도 〈요한복음〉과 다소 차이가 있습니다. 이처럼 서로 다른 작성 시점과 내용 때문에 복음서를 읽어갈 때 이해하는 데 어려움이 있습니다.
그러나 일반적인 신앙인은 신학자나 역사학자처럼 복음서를 연구하는 것이 아닙니다. 시점과 내용이 어느 것이 맞느냐에 중점을 두는 것보다 말씀을 이해하는 데 집중하는 것이 도움 될 것입니다. 만약 본질이 잘못되었다면 어느 복음서 중 하나는 성경에 포함되지 않았겠죠.

다시 말씀으로 돌아와 보면 어느 시점이든 성전의 타락은 예수님이 두고 볼 수 없는 상황이었습니다.
결과적으로 예수님이 상행위를 중단시키는 행동을 취하자 거기에 있던 사람들이 - 유대인, 제사장, 서기관 - 이렇게 반문합니다.

> 네가 이런 일을 행하니 무슨 표적을 우리에게 보이겠느냐 (요 2:18).

먼저 〈요한복음〉에 나온 위 말씀에 대해 예수님은 "너희가 이 성전을 헐라 내가 사흘 동안에 일으키리라"라고 하죠. 이 말은 성전을 예수님에 비유한 말이었습니다. 물론 이 말을 들은 유대인들은 허풍으로 치부했습니다. 눈으로 보이는 것을 믿는 인간의 상식으로 불가능하기 때문입니다. 그러나 예수님의 '사흘 동안 일으킨다.'라는 말은 훗날 승천 후 부활하신 것이었음을 제자들이 뒤늦게 깨닫게 됩니다.

그럼, 다른 복음서에는 예수님의 행동에 대해 유대인은 뭐라고 했을까요? 〈마가 · 누가복음〉에는 "예수께서 날마다 성전에서 가르치시니 대제사장과 서기관들이 죽이려고 하나 교훈을 놀랍게 여기므로 두려워한다. (막 11:18, 누 19:47)"라고 쓰여있습니다. 성전을 정화하신 예수님이 그곳에서 사람들을 가르치신 것이죠. 율법으로 정통한 그들이 예수님의 가르침에 논리적으로 반박하지 못했음을 알 수 있는 구절이기도 합니다.

성전을 정화하시는 예수님의 모습이 각 복음서에 기록된 시기와 내용에 차이는 있지만, 본질은 성전을 깨끗하게 함에 있습니다. 성전은 하나님을 만나는 장소였기 때문이죠.

한편, 이스라엘 멸망과 흩어졌던 민족의 시대적인 상황에 비춰보면 상행위를 할 수밖에 없지 않냐는 의견도 있습니다. 흩어져 있던 민족이 의무적인 절기 - 유월절, 칠칠절, 초막절 - 에는 반드시 예루살렘으로 돌아와야 했기 때문입니다. 이때 제사에 쓰일 제물을 구하기 위해 성전에서 판매 행위가 필요했다는 것이죠.

그러나 이 논리는 성전의 본질을 훼손하는 말입니다.

성전은 구약시대부터 하나님이 인간을 만나는 성스러운 장소로 제사는 제사장을 통해 드릴 수 있었습니다. 그래서 제물을 잡는 장소도 구별되어 있었죠. 하지만 시대가 변하면서 제사장들이 제물을 탐하게 되고 성전의 역할이 편리성을 추구하는 공간이 된 것입니다.

복음서에 기록된 성전 정화의 말씀은 그리 길지 않습니다. 읽다 보면 '아! 이런 일도 있었구나'라고 지나칠 수도 있죠. 그런데 생각해 보면 예수님이 성전 정화에서 화를 내셨던 이유가 결코 작은 일이 아님을 알 수 있습니다.

이것을 요약해 보면,
첫째, 성전은 하나님이 머무르는 장소로 신성한 곳입니다. 한마디로 성지인 곳이죠. 그런 곳을 더럽힌 것입니다.
둘째, 백성의 변질입니다. 열강의 지배 속에 우상과 함께 생활하면서 의무감으로 하나님을 모신 것입니다. 제사장이 율법대로만 했다면 성전의 시장화는 막을 수 있었을 것입니다.

기독교 변증학자인 C.S.루이스의 저서 《순전한 기독교》에 "교만한 사람은 항상 눈을 내리깔고 사물과 사람을 봅니다. 그렇게 내리깔고 보는 한 자기보다 높이 있는 존재는 결코 볼 수 없습니다."라는 문구가 있습니다. 명예와 권력 있는 사람은 그것에 취해 착각에 빠져 하나님이 계신다는 것을 알지 못합니다.
예수님 앞에 서 있던 제사장이나 서기관들이 이런 모습이었죠. 백성에게는 높임 받은 존재였지만, 예수님 눈에는 교만한 죄인이었던 것입니다.
대접받으려면 대접해야 하고, 사랑받으려면 사랑을 해야 한다는 말이 있습니다. 우리가 하나님을 믿는 충실한 성도라고 입으로 말할 때 나를 비우고 말씀에 온전히 순종하는 성도의 삶을 살아야 합니다.

- 예수님을 닮아 낮아지는 마음 -

우리가 다스리고 주의해야 할 것은 늘 마음입니다.
우리 마음은 자칫 선한 일을 함에 있어 관계를 망쳐버리는 방향으로 흐르기 쉬운 연약함이 있기 때문이죠.
위에서 내려다보는 관용은 허영이 되기 쉽습니다.
사탄은 이 점을 공략해 스스로 높아지는 마음을 심고 관계와 목적을 흐트러뜨립니다. 높은 곳에서 낮은 곳으로 손을 내밀었다가 다시 제자리로 거두기도 하죠.

예수님은 자신의 무릎을 꿇어 마음의 높이를 맞추셨습니다. 그 앞에 선 자를 자신과 동등하게 중요하고 존귀한 사람으로 여기신 것이죠. 그렇게 생명을 주시고 그가 대신 살아도 좋다는 마음으로 섬기게 했습니다.
우리도 예수님의 마음을 닮아 사람을 대하는 모든 일에 주의해야 합니다.
그렇게 할 때 나의 말과 행동이 예수님의 권세 아래 있을 수 있습니다.

3_

산상에서 가르친 여덟 가지 덕목

'성도를 위한 예수님의 가르침'

예수님이 온 땅을 다니며 복음을 전파하면서 따르는 무리가 늘어나자 산에 올라 제자들에게 여덟 가지 복에 대해 가르치십니다. 이것을 지금은 산상수훈 - 산 위에서 내린 교훈 - 이라 부르죠. 산상수훈의 말씀은 하나님 나라에 들어가기 위한 덕목을 말하고 있습니다. 이 말씀은 〈마태복음〉 5장에 구체적으로 기록되어 성도가 갖춰야 할 덕목 - 기본적인 정신 - 이 무엇인지 깨닫게 하는 진리를 담고 있죠.

말씀을 하나씩 살펴보면,
첫 번째 말씀은 "심령이 가난한 자는 복이 있나니 천국이 그들의 것이다."라는 것입니다. 처음 이 문장을 접하면 '심령이 가난한데'무슨 복이 온다는 것일까? 라는 생각이 듭니다. 그런데 생각해보면 마음이 가난한 것은 담아둘 공간이 많다는 말이기도 합니다.

그래서 비어있는 마음에 말씀을 담아 살아가면 하나님의 나라에 들어갈 수 있음을 얘기한 것이라 해석할 수 있습니다. 당시 세리 - 제자 마태는 세금징수원 - , 창기 등은 민족에게 환영받지 못했습니다.
하지만 예수님은 세상이 판단을 끝내버린 세리를 부르셨고 죄인들의 대변자가 되어 돌보셨습니다. 그리고 그들의 마음을 따뜻한 말씀으로 채워 거듭나게 했죠. 차별을 두지 않음으로 인간을 이해하고 품어 안으신 것입니다.
차별은 더 이상 고민하지 않고 이해하지 않으려는 마음에서 비롯됩니다. 믿음이 차별당하기 쉬운 시대에 예수님은 무관심과 차별을 두고 보지 않으신 것이죠.

두 번째 말씀은 "애통한 자는 복이 있나니 그들이 위로받을 것이다."라는 것입니다. 매우 슬퍼한다는 것은 그 대상이 있다는 것을 의미합니다. 그럼, 신앙인에게 애통함과 위로는 무엇일까요? 그것은 죄를 짓고 받는 벌에 대한 두려움이라할 수 있죠. 자기 죄를 깨닫고 두려워하는 것은 회개를 통해 용서받는 것입니다.
이를 잘 표현한 것은 〈시편〉 32장 5절로 "내 허물을 여호와께 자복하니라, 주께 내 죄를 아뢰고 죄악을 숨기지 아니하였더니 곧 주께서 내 죄악을 사하셨나이다."라는 말에서 찾을 수 있죠. 애통(죄)은 자복함으로 위로(용서)받아 평안을 찾을 수 있습니다.

세 번째 말씀은 "온유한 자는 복이 있나니 그들이 땅을 기업으로 받을 것이다." - 시편 37장 11절에 언급되어 있다 - 라는 말입니다. '온유'란 따뜻하고 부드러운 것을 말합니다.

이런 성품을 갖춘 사람은 많은 이에게 호감을 받죠. 반대말로 사납고 악하다는 뜻의 '포악'이 있습니다. 이 말을 당시 이스라엘에 적용해 보면 백성을 괴롭히던 통치자나 타락한 제사장이라 할 수 있죠. 그래서 '온유한 자는 복이 있다.'라는 말은 그들처럼 살지 말라는 뜻을 내포하고 있습니다. 현실에 만족한 악한 삶은 결국 심판받기 때문이죠.

한편 '땅을 기업으로 받을 것이다.'라는 말은 은유적인 표현입니다. 우리가 밟고 있는 땅이 아닌 하나님 나라를 표현한 것으로, 온유한 마음으로 사람을 대할 때 그 나라에 살 수 있다는 것이죠.

네 번째 말씀은 "의에 주리고 목마른 자는 복이 있나니 그들이 배부를 것이다."라는 말입니다.

'의[justice]'라는 것은 옳다고 생각하는 것을 행하는 것입니다. 그것에 굶주렸다는 것은 의로움을 찾고자 하는 것을 말하죠. 〈신명기〉 32장 4절을 보면 "그의 모든 길이 정의롭고 진실하고 거짓이 없으신 하나님이시니 공의로우시고 바르시도다."라는 말이 있습니다. 의로움은 하나님 말씀을 따라 살아갈 때 채울 수 있습니다. 그렇게 찾아 채우면 갈증은 사라지는 것이죠.

> 마틴 루터킹 목사는 하나님의 근심으로 세상을 위해 고민했고 하나님이 웃으시는 세상에 가까워가는 일에 헌신했습니다. 믿음의 성도들이 이와 같았죠. 애통한 자는 천국을 밟으며 위로를 얻고, 의에 주린 자는 천국의 가치관이 확장된 땅에서 의에 배부를 것입니다. 의를 위해 고난도 당하는 자가 하나님 나라를 얻고 살아갑니다. 천국을 기대하며 천국을 이뤄가는 소망이 세상을 이기는 믿음의 삶이죠.

다섯 번째 말씀은 "긍휼히 여기는 자는 복이 있나니 그들이 긍휼히 여김을 받을 것이다."라는 말입니다. 가엽게 여기고 불쌍히 여기는 마음은 자비로운 하나님 마음 - 용서하고 회복을 시키시는 - 과 같습니다. 그런 마음으로 사람을 대할 때 자신도 하나님으로부터 긍휼히 여김을 받아 살아갈 수 있죠.

여섯 번째 말씀은 "마음이 청결한 자는 복이 있나니 그들이 하나님을 볼 것이다."라는 말입니다. 〈잠언〉 22장 11절을 보면"마음의 정결을 사모하는 자의 입술에는 덕이 있으므로 임금이 그의 친구가 되느니라"라고 했습니다. 깨끗한 마음으로 믿고 의지할 때 이 땅의 왕이신 하나님을 만날 수 있습니다.
아무리 좋은 핑계라도 부정한 것은 인정받을 수 없습니다. 하나님은 부정한 모든 것을 싫어하시기 때문이죠.

일곱 번째 말씀은 "화평하게 하는 자는 복이 있나니 그들이 하나님의 아들이라 일컬음을 받을 것이다."라는 말입니다.
사람이 싸우지 않고 평화롭게 사는 것은 누구나 바라는 것입니다. 그런데 말씀 속에 화평의 결과가 '하나님의 아들이 된다'라는 것에 주목해 봅니다. 하나님의 아들인 예수님은 인간의 죄를 대속 - 인류의 죄를 대신 씻어 구원 - 하기 위해 오셨습니다.
그분처럼 되기 위해서는 단순히 우리끼리의 화평만을 말하는 것이 아님을 알 수 있죠. 바로 하나님과 우리와의 화평을 말하는 것입니다. 그러기 위해서는 악에서 멀어져야 합니다. 죄를 지었다면 회개로 자복하는 것이죠.

여덟 번째 말씀은 "의를 위하여 박해를 받은 자는 복이 있나니 천국이 그들의 것이다."라는 말입니다. 당시 의를 위해 박해받는 사람은 말씀을 따라 살던 사람이었습니다.
예수님은 이 점을 보시고 의로움으로 당당히 맞서 굴복하지 말라는 말씀을 하신 것입니다.
그리고 "너희를 거슬러 모든 악한 말을 할 때 기뻐하고 즐거워하라(마 5:1)"라며 박해받은 선지자들이 하늘에서 상을 받았음을 제자들에게 말씀으로 남기시죠.
〈시편〉 34장 19절에 "의인은 고난이 많으나 여호와께서 그의 모든 고난에서 건지신다."라는 말이 있습니다. 악조건에도 믿음을 굳건히 하라는 것이죠.
그러나 의로움을 행할 때, 상대적으로 의롭지 못한 사람의 적이 됩니다. 상대가 다수라면 의인은 고난을 넘어 죽음의 공포를 경험하죠. 초기 기독교인 - 제자를 포함 - 이 그랬습니다. 신앙심을 지킴으로 순교를 당했죠.
그러나 그들의 의로움이 있었기에 지금 우리가 예수님을 영접할 수 있는 것입니다.

예수님의 산상수훈은 기독교인의 기본적인 덕목을 말하고 있습니다. 스스로 하나님을 만나 천국에 갈 수 있을까? 라고 질문할 때 여덟까지 교훈을 새겨보면 되는 것이죠.
비어있는 마음에 말씀을 담고 있는지 죄를 회개하고 깨끗한 마음으로 살아가고 있는지 말입니다.

하나님을 믿는 어떤 사람이 “자신은 죄를 짓고 있지 않아 천국에 들어갈 것이다.”라는 말을 한 적 있습니다. 그래서 십계명에 있는 것을 다 지키고 있냐는 물음에 “잘 모르겠다.”라고 합니다. 죄를 용서하는 것은 하나님인데 가끔 신앙인들은 스스로 죄를 용서하곤 합니다. 이제는 질문할 것이 하나 더 생겼습니다. 팔 복을 이해하는지 말이죠.

산상수훈의 말씀을 통해 ‘돌아봐야 함’과 ‘다름’에 대해서 생각해 봅니다. 삶을 돌이켜 반성하고 기독교인으로서 바른 삶-말씀을 따라 사는-을 살아가고 있는지 말이죠.

- 마음의 원석을 연마하자 -

모든 삶은 우리에게 주신 원재료요 원석과도 같습니다. 다스리고 연마하면 그 가치가 드러나지만 그렇지 못하면 그저 돌덩이로 끝나게 되죠. 다스림 없는 사랑은 시기와 번뇌가 되고, 지혜는 헛되어 헛된 일을 계획하게 됩니다. 하나님은 우리 삶에 원석과 같은 마음을 주셨고 다스리게 하십니다. 그렇게 함으로 비로소 좋은 결과를 가질 수 있습니다.

4_
천국에 가기 위한 조건

'믿음을 마음에 담아 의롭게 사는 것'

천국Heaven 이라는 단어는 신앙의 여부에 상관없이 대다수가 알고 있습니다. 그곳은 착하게 살았던 사람들이 죽었을 때 가는 곳이라고 하죠. 인생을 어떻게 살았느냐에 따라 도착하는 종착점으로 부르고 있는 것입니다.

그럼 죽어서 천국에는 누가 갈 수 있을까요? 대부분 이 질문에 대해서 '착하게 살던가, 하나님을 믿으면 된다.'라고 답을 합니다. 그런데 어떻게 사는 것이 착한 것인지, 얼마나 믿어야 하는지에 대해 정의된 것은 없습니다. 사람마다 생각하는 기준이 다르기 때문이죠.

예수님은 이 질문에 대한 답을 〈마태 · 마가 · 누가복음〉에 서 가르치고 있습니다. 천국이 어떤 곳인지 말이죠.

그 가르침은 크게 다섯 가지 비유 – 땅에 떨어진 씨 · 겨자씨와 누룩·

밭의 보화 · 진주 · 그물 - 를 통해 설명하십니다.

첫째, 「땅에 떨어진 씨앗」의 비유입니다. 우선 단어 정리부터 하면 씨앗은 하나님의 말씀을 말합니다. 그 씨앗이 길가·돌밭·가시떨기·좋은 땅에 뿌려지는 것을 비유로 설명하시죠.

'길가'에 떨어진 씨앗은, 말씀을 듣고도 깨닫지 못한 사람을 말합니다. 말씀을 마음에 담아두지 못해 사탄이 믿음을 방해하는 것이죠. 이것은 신앙에 진실함이 없는 사람의 모습이라 할 수 있습니다.

'돌밭'에 떨어진 씨앗은, 뿌리내리지 못해 잠깐 믿다가 배반하는 사람을 말합니다. 믿음이 단단하지 못한 것이죠.

어린이가 부모의 손을 잡고 신앙생활을 하다가 청소년기에 교회를 떠나는 경우가 많습니다. 세상의 유혹과 빠르게 돌아오지 않는 믿음의 결과 - 기도에 대한 답 - 가 그들을 떠나가게 합니다. 이것은 믿음이 자리 잡지 못한 하나의 결과이죠.

'가시떨기'에 떨어진 씨앗은, 말씀을 듣고도 열매를 맺지 못하는 믿음을 말합니다. 가시 떨기나무 주변은 햇빛을 보지 못해 식물이 자라기 어렵습니다. 환경이 그만큼 좋지 않다는 것이죠. 교회를 다녀도 주변 이목 때문에 신앙을 밝히지 못하거나, 대인관계를 위해 예배 대신 세속적인 만남을 갖는 사람이 그렇지 않을까요?

'좋은 땅'에 떨어진 씨앗은, 말 그대로 믿음이 결실을 보는 땅을 말합니다. 말씀을 듣고 지키며 인내로 믿음의 뿌리를 단단히 하여 세상 유혹을 뿌리치는 것이죠. 예수님은 그 땅에서는 "삼십 배, 육십 배, 백배의 결실을 맺는다."라고 하셨습니다.

삶의 시험은 우리 안에 있는 욕심이라는 마음의 씨앗에서 시작됩니다. 그 마음을 방치하면 씨앗이 마음의 밭에 죄를 틔우고, 죄는 자라서 사망의 열매를 맺습니다.

씨앗의 비유는 믿음에 관한 것을 말씀하신 것입니다.
같은 말씀을 받아도 뿌리 내릴 수 있는 마음이 준비되어 있어야 천국의 문이 열리는 것이죠.

둘째, 「겨자씨와 누룩」의 비유입니다.

천국은 마치 사람이 자기 밭에 갖다 심은 겨자씨 한 알 같으니 자란 후에는 풀보다 커서 나무가 되매 공중의 새들이 와서 그 가지에 깃들이느니라(마 13:31).

'겨자씨'가 새들의 보금자리까지 되기 위해서는 적절한 일조량, 수분, 온도가 필요합니다.
삼박자가 어우러짐으로 뿌리가 내리고, 땅을 뚫고 싹이 나와 성장하게 되죠. 작지만 강한 생명력으로 새들의 보금자리까지 되는 것입니다. 겨자씨의 비유는 천국도 이처럼 작은 믿음이 모여 성장해 간다는 특징을 갖고 있음을 얘기합니다.
작고 보잘것없는 사람들이 모여 공동체를 이루고 말씀을 먹고 성장하여 하나님 나라의 생명 나무가 되는 것이죠.
'누룩'의 비유 - 가루 서 말 속에 갖다 넣어 전부 부풀게 한 누룩과 같으니라(마 13:33) - 도 이와 비슷합니다. 누룩의 특성은 빵을 부풀어 오르게 하는 확장성에 있습니다.
소리 없이 빵을 키우는 누룩처럼 내 안의 믿음을 그렇게 키워나

가라는 것이죠.

셋째, 「밭의 보화」를 발견한 비유입니다.

> 천국은 마치 밭에 감추인 보화와 같으니 이를 발견한 후 숨겨두고 기뻐하며 돌아가서 자기의 소유를 다 팔아 그 밭을 사느니라(마 13:44).

어느 날 소작 - 남의 땅을 빌려 농사하는 - 농부가 밭을 갈다가 보물을 발견하면 모든 것을 팔아서 밭을 살 것입니다.
천국이 바로 그런 곳이라는 거죠. 우리 눈에 보이지 않는 예수님을 발견함으로 천국에 한 걸음 가까이 갈 수 있습니다. 모르고 지냈던 말씀을 그때부터 알아가는 것이죠.

넷째, 「극히 값진 진주」를 발견한 비유입니다.
이것은 앞서 말한 보물과 같습니다. 예수님을 알게 됨으로 천국에 다가가는 기회를 얻는 것이죠.
지금 견디면 내일은 웃을 것이라는 기대로 많은 사람이 살아갑니다. 그런데 오늘이어야 하는 것이 있습니다. 부모님께 효도하는 것을 지금은 바빠서 '나중에'라고 말할 때가 있지만 부모님은 기다려 주지 않습니다. 그래서 기쁨의 몫을 묻어두지 않아야 하죠.
예수님이 주신 복음도 묻어두지 말고 캐내어 기쁨의 몫을 놓치지 않아야 합니다.

다섯째, 「어부의 그물」에 대한 비유입니다.

> 그물에 가득하매 물 가로 끌어 내고 앉아서 좋은 것은 그릇에 담고 못된 것은 내버리느니라(마 13:48).

어부가 그물 가득 물고기를 잡아도 모두 가져가지 않습니다. 죽은 것은 버리고, 상품성이 적은 물고기는 놓아주기도 하죠. 위 말씀은 어부의 그물처럼 천국에 가는 것도 걸러진다는 것을 의미합니다. 각양각색의 사람들이 모여 사는 세상에는 의인과 죄인이 존재합니다. 그러나 천국에 가는 것은 의인뿐 - 세상 끝에도 이러하리라 천사들이 와서 의인 중에서 악인을 갈라 내어(마 13:49) - 이라는 것이죠.
비유의 말씀을 음미해 보면, 천국은 멀리 있는 것이 아니며 그곳에 갈 수 있는 열쇠는 세상에 있습니다. 예수님이 천국을 비유로 말씀하셨지만, 세상의 것들을 인용하여 설명하셨음에서 알 수 있죠. 천국의 문은 나의 어려운 환경을 이겨내고 믿음으로 나아갈 때 열립니다.

인도의 민족운동 지도자였던 간디가 "나는 예수를 좋아하지만, 기독교인은 싫어한다. 왜냐하면 그들이 예수와 전혀 닮지 않았기 때문이다."라는 말을 했다고 합니다.
간디의 이 말은 기독교인이 듣기에 거북한 말이지만, 왜 그랬을까? 생각해 보면 반성하게 됩니다. 예수님은 죽음의 선상에서도 자신을 희생하며 무한한 사랑을 주었습니다.
직업 · 성별 · 생각의 차이 등의 구별함 없이 - 박애(博愛) - 인간을 이해하셨죠. 그런데 우리는 말씀을 묵상하며 회개한다 말하면서 행동으로 실천하지 못하고 있습니다.
삶의 목표와 가치를 정해 놓고 도달하는 데 급급하죠. '늦었을 때가 가장 빠른 시작이다.'라는 말처럼 후회하기 전에 예수님을 닮아가고 있는지 돌아봐야 합니다.

- 천국 문은 의로움을 입어야 열린다 -

우리의 문제를 해결하지 않고 하나님 은혜 앞으로만 나가려고 할 때가 있습니다.
하나님은 언제나 우리보다 한발 앞서 일하시는 분입니다. 그리고 우리를 그 은혜에 참여하도록 부르시죠. 에덴을 만들어 아담을 부르고, 예수님을 통해 온 백성을 복음으로 초대했습니다.

하나님은 언제나 앞서 일하시고 은혜를 준비해 두십니다. 그리고 우리가 그 은혜 앞에 예복을 입고 참여하라 말씀하시죠. 예복은 은혜의 주인을 알고 나의 자격 없음을 통감하며 온전한 왕 앞에선 백성으로 서는 것을 말합니다.
십자가 앞에 부름 받은 사람은 회개의 문을 열고 의로운 옷을 입고서야 그 은혜에 참여할 수 있죠.

은혜 주시는 하나님 앞에 예복을 입고 맞이하는 자가 천국의 문 앞에 설 수 있습니다. 천국이라는 좋은 결과는 언제나 주님과 함께할 때 은혜받아 오를 수 있습니다.

5_
믿음으로 의롭다 불림

'예수의 포도나무 가지가 되라'

오늘날 우리가 그리스도인이라 불리게 된 것은 의로우신 예수님을 믿고 동행함으로써 얻어진 이름입니다. 이것은 단순히 믿는 것에서 그치는 것이 아닙니다. 예수님을 통해 죄를 씻어내고 그 안에 계속 살아가며 얻어지는 것이죠.
이 과정을 거치는 것을 '칭의justification'와 '성화sanctification'라고 합니다. 예수님은 이 관계를 포도나무에 비유하여 설명합니다. 먼저 '칭의'에 대해 살펴보면 다음과 같습니다.

> 나는 참포도나무요 내 아버지는 농부라 내게 붙어 있어 열매를 맺지 아니하는 가지는 아버지께서 그것을 제거해 버리시고, 무릇 열매를 맺는 가지는 더 열매를 맺게 하려 하여 그것을 깨끗하게 하시느니라(요 15:1~2).

내용을 살펴보면 우리와의 관계를 포도나무와 가지에 비유하여 인간을 두 부류로 설명합니다.
첫째, 「열매 맺지 않은 앙상한 가지」는 예수님과 동행하지 않는 사람을 말하죠. 그래서 그 가지는 하나님이 제거한다고 합니다. 단순하고 명료한 사실입니다.
둘째, 「열매 맺는 가지」는 예수님과 함께한 사람을 말합니다. 그래서 그 사람을 더 열매 맺게 하려고 깨끗하게 하신다고 말씀하시죠. 여기서 중요한 명제는 '열매 맺은 가지를 깨끗하게 하신다.'라는 말입니다. 이것은 예수님을 통해 죄를 씻어 주심을 말하는 것으로 칭의 - 의롭다고 불림 - 라고 부릅니다. 칭의가 가능한 것은 예수님이 인간을 위해 죄를 대속한 일 때문입니다. 그로 인해 인간이 하나님 앞에 의롭다고 인정받을 수 있게 된 것이죠. 그러나 한편으로 부주의에 대한 경고 - 사람이 내 안에 거하지 않으면 가지처럼 밖에 버려져 마르나니(요 15:6) - 도 함께 하십니다. 깨끗하게 씻음을 받았어도 예수님 안에서 지속해 살아가라는 것이죠.
바울은 의로움을 받은 것을 〈로마서〉 5장 1절에서 이렇게 말하고 있습니다. "우리가 믿음으로 의롭다 하심을 받았으니, 우리 주 예수그리스도로 말미암아 하나님과 화평을 누리자"라고 말이죠. 이 말은 의로우신 예수님을 통해 하나님과 교감하라는 의미를 담고 있습니다.

'의롭다'라고 불린 그리스도인은 거룩하게 거듭나야 합니다. 이를 성화 - 성스럽게 되다 - 라고 하는데 먼저 구약시대에 이렇게 정의하고 있습니다.

> 너희는 거룩하라 이는 나 여호와 너희 하나님이 거룩함이라(레 19:2).

구약에서 말하는 거룩함은 하나님을 닮아 살아가는 것이었습니다. 질서가 정착되지 않은 세상에서 하나님을 따라가는 것만이 길에서 벗어나지 않으니까요.

그러나 하나님의 규율과 규칙 안에서 살아가는 것은 쉬운 일이 아니었습니다. 특히, 인간의 잣대로 살지 말고 하나님의 기준으로 살아가라는 명령이라 불충에는 반드시 대가가 따라왔죠. 그래서 하나님은 필요할 때마다 직접 가르치셨으며, 철저한 체질 개선 - 아토피 환자가 음식이나 생활환경을 의식하는 것처럼 - 을 요구했습니다.

그럼, 신약 시대에 예수님은 어떻게 가르치셨을까요?

> 가지가 포도나무에 붙어 있지 아니하면 스스로 열매를 맺을 수 없음같이 내 안에 있지 아니하면 그러하리라
> (요 15:4)

가지가 포도나무에 붙어 있을 때 열매를 맺듯, 의롭다고 불리는 사람은 예수님 안에 있으라 합니다.

'붙어 있지 않거나, 내 안에 있지 않으면'이라는 말에서 열매 맺음은 함께 할 때 가능하다는 말임을 알 수 있죠.

그렇다면 열매 맺음으로 구할 수 있는 것은 무엇일까요?

> 열매를 많이 맺으면 내 아버지께서 영광을 받으실 것이요 너희는 내 제자가 되리라(요 15:8).

열매로 구할 수 있는 것은 하나님께 영광을 돌림으로 예수님의 제자가 되는 것입니다. 다시 말해 '붙어 있어 열매 맺음'으로 예수님의 성품을 닮아 성스럽게 변화됨을 말하는 것이죠.

그러면 예수님을 닮아가는 성품은 무엇일까요?
그것은 '모든 사람을 차별 없이 사랑하는 것'이었습니다. 조건 없는 사랑을 하라는 것이죠.

> 내 계명은 곧 내가 너희를 사랑한 것 같이 너희도 서로 사랑하라 하는 이것이니라(요 15:12).

사랑에는 특정한 대상 – 가족 · 친구 · 동료 – 이 없다는 것을 말합니다. 예수님은 친구를 위해 생명이 위태로워지는 것보다 큰 사랑은 없다고 하셨고 친구와 비밀을 공유한다고 하셨습니다. 그래서 우리의 친구가 되셨고, 우리도 주님의 친구 되기를 바라십니다.
예수님의 생명으로 살게 된 우리는 사람들과 차별 없는 복음을 나누며 진실한 믿음의 삶을 살아야 합니다.

- 성도는 포도나무의 가지 -

예수님이 세상에 오심으로 우리는 여러 면에서 이롭게 되었습니다. 구약시대처럼 하나님을 만나기 위해 제사를 드릴 필요가 없으며 믿음을 잃지 않으면 은혜받아 살아갈 수 있죠. 신앙인의 삶의 방향에 대한 근본적인 목표도 포도나무 비유로 깨닫게 됩니다. 예수라는 포도나무에 가지가 되어 말씀을 받아 살아가면 잘 익은 열매 - 하나님의 자녀 - 가 된다는 것이죠. 그 열매가 하나님 나라의 백성으로 살 수 있는 것입니다.

6_
죽음과 부활로 찾은 영광

'죄를 대속하심으로 영광을 받다'

예수님의 가르침은 제사장들의 눈엣가시가 되어 죽이기로 결정합니다. 하지만 직접 죽일 수 없어 당시 유대 지역 로마 총독이었던 본디오빌라도의 손을 빌리죠.
본디오빌라도는 유대 민족의 요구대로 예수님을 십자가형에 처해 죽게 합니다. 이때 성소의 휘장이 찢겨 집니다.
휘장이 찢겨 졌다는 것은 대제사장만 들어갈 수 있었던 성소에 누구나 들어갈 수 있음을 의미합니다. 과거 하나님과 인간 사이의 가교역할을 했던 제사장이 없어짐으로 인간이 하나님께 더 가까이 갈 수 있게 된 것이죠.
이것은 예수님이 인간의 죄를 대속하심으로 누구나 제사장이 되어 하나님을 뵐 수 있다는 것을 상징합니다.

하지만 이렇게 돌아가신 예수님의 죽음을 이해 못 하는 사람들도 있습니다. 비신앙인의 이성적인 판단 - 신과의 관계, 이타적인 죽음 - 처럼 말이죠. 그러나 예수님의 죽음은 구원에 필요한 필연적인 죽음임을 말씀을 통해 알 수 있습니다.

> 모세가 광야에서 뱀을 든 것 같이 인자도 들려야 하리니 그를 믿는 자마다 영생을 얻게 하려 하심이니라
> (요 3:14~15).

위 말씀은 제자 니고데모의 "사람이 어떻게 다시 태어날 수 있느냐"에 대한 예수님의 대답입니다.
다시 태어나는 것을 거듭남 - 육체의 죽음이 아님 - 에 비유하면서 광야시대 놋 뱀을 비유로 든 것이죠.

> 놋 뱀 이야기의 배경은 광야 시절 백성이 불충 하자 하나님이 불 뱀을 보내 죽게 합니다.
> 이때 모세가 용서해 달라 하자 하나님은 '놋 뱀을 만들어 매달아 보게 되면 낫는다' 라고 방법을 알려주어 살게 한 것입니다.

예수님은 자기 죽음이 영적 구원에 있음을 말씀하신 것으로 믿음 있는 자는 구원받을 것을 약속하신 것입니다. 한편, 〈이사야〉에도 예수님의 죽음이 구체적으로 예언됩니다.

> 여호와께서는 우리 모두의 죄악을 그에게 담당시키셨도다. 그의 무덤이 악인들과 함께 있었으며 그가 죽은 후에 부자와 함께 있었도다. 나의 의로운 종이 자기 지식으로 많은 사람을 의롭게 하며 그들의 죄악을 친히 담당하리로다(사 53:6~11).

하나님은 이사야를 통해 예수님의 탄생과 죽음에 관해 말씀하셨습니다. 그리고 예수님의 죽음이 인간의 구원에 있음을 분명하게 얘기하고 있습니다.

예수님이 돌아가신 후 막달라 마리아가 무덤에 가보니 입구를 막았던 돌이 옮겨짐을 발견하고 제자들에게 알립니다. 베드로 - 12제자 중 한 명 - 는 무덤에 달려가 예수님의 시신이 없어짐을 확인하고 집으로 돌아가죠. 그러나 마리아는 무덤 앞에서 울며 시신이 없어짐을 한참 동안 슬퍼합니다. 이때, 예수님이 그녀에게 나타나 살아있음을 말씀하십니다.

> 내가 아직 아버지께로 올라가지 아니하였노라 너는 내 형제들 에게 가서 이르되 내가 내 아버지 곧 너희 아버지 내 하나님 곧 너희 하나님께로 올라간다 하라(요 20:17).

예수님은 마리아를 통해 제자들을 찾아갈 것을 알립니다.
과거 부활에 대해 제자들에게 비유로 말씀 - 너희가 이 성전을 헐라 내가 사흘 동안에 일으키리라(요 2:19) - 하심을 이루시기 위한 것이죠. 그런데 그때는 제자들이 부활하실 것을 깨닫지 못했음으로 무덤 주변에 제자의 모습을 찾아볼 수 없었습니다.
이후 부활 소식이 제자들에게 전해지고 그들 앞에 나타나신 예수님은 "너희가 누구의 죄든지 사하면 사하여질 것이요 누구의 죄든지 그대로 두면 그대로 있으리라"라며 성령을 내려줍니다. 이로써 제자들은 죄 사함의 권능을 받고 복음을 전하는 사명을 받게 되죠.

한편, 베드로에게는 예수님을 사랑하는지 세 번 묻습니다.

> 주님 모든 것을 아시오매 내가 주님을 사랑하는 줄을 주님께서 아시나이다(요 21:17).

베드로는 예수님의 질문에 '사랑한다.'라며 세 번 대답합니다. 왜 베드로에게만 이런 질문을 했을까요?
베드로는 과거 제사장들 앞에서 재판받던 예수님을 세 번 부인 - 베드로가 맹세하고 또 부인하여 이르되 나는 그 사람을 알지 못하노라(마 26:72) - 했던 전례가 있었습니다.
그런 베드로가 부활하신 예수님을 만났으니 그 마음에 죄책감은 더욱 컸을 것입니다. 예수님은 이 마음을 알고'사랑'함을 고백한 베드로에게 죄책감을 벗겨주고, 제자임을 일깨워준 것입니다. 예수님의 더 큰 사랑이라 할 수 있죠.

그렇게 부활하신 예수님은 40일 동안 - 그들에게 보이시며 하나님 나라의 일을 말씀 하시니라(행 1:3) - 제자들과 함께하며 가르쳤습니다. 특히, 선지자를 통한 예수님에 관한 예언이 이루어졌음을 깨닫게 하죠.

> 모세의 율법과 선지자의 글과 시편에 나를 가리켜 기록된 모든 것이 이뤄져야 하리라 한 말이 이것이라(누 24:44).

위 말씀은 죽은 자 가운데 3일 만에 살아나심과 죄 사함을 받은 것을 말합니다. 말씀대로 〈이사야〉, 〈시편〉 등 많은 선지서에서 연관성을 확인해 볼 수 있죠.

그렇게 제자들과 마지막 대화를 마친 예수님은 하늘로 올라 - 그들에게 축복하시더니 그들을 떠나 하늘로 올려지시니(눅 24:51) - 가십니다.

공생애의 마지막 부분인 죽음, 부활, 승천을 통해 놀라운 역사가 우리에게 어떤 의미가 있는지 알아야 합니다.

이것을 정리해 보면,

「죽음」은 '죄를 대속'하심으로 우리가 죄의 죽음을 함께한 것입니다. 우리의 죄가 씻겨짐으로 예수님을 통해 거듭나게 된 것이죠.

「부활」은 '새롭게 태어났음'을 의미합니다. 과거에서 벗어나 그리스도인으로 태어난 것이죠. 교회에서 세례를 통해 신앙인으로 정체성을 갖는 것이 이와 같다 할 수 있습니다.

「승천」은 '영광을 다시 찾으신 예수님'을 의미합니다.

인간의 몸으로 오셔서 예언된 약속을 모두 이루신 예수님이 다시 제 자리에 돌아가신 것이죠.

그리고 우리가 찾을 수 있는 영광이기도 합니다. 예수님의 제자로 포도나무의 가지로 남아있다면 말이죠.

새로운 약속이라는 의미의 '신약'은 바로 이것입니다.

예수님이 우리와 함께하시고 하늘에 다시 오르심으로 시작된 것이죠. 예수님은 "율법을 무시하거나 폐하려는 것이 아니라 완전하게 하려고 한다."라고 말씀하셨습니다.

말씀이 우리에게 권위가 있을 때 그 말씀은 진정 우리를 존귀하게 할 것입니다

- 환난 날의 기도 -

하나님은 좋으신 아버지이십니다. 하나뿐인 아들을 우리에게 주시면서 십자가의 사랑에 대한 대가로 온전한 믿음과 감사만을 요구하셨습니다.

좋으신 하나님 앞에 우리가 말씀을 따라 살아가지 않는다면 사탄이 광야에서 예수님께 그랬던 것처럼 우리의 정체성을 내주어야 할지도 모릅니다.

다행인 것은 우리에게 예수님의 기도 방법이 있습니다.

예수님은 죽음을 앞둔 가운데 이른 저녁부터 언덕에 올라 기도하셨습니다. 이미 엎질러진 물과 같은 상황에서 무슨 기도를 드리겠는가 싶은 심정 가운데도 그날에 기도해야 하는 이유를 보여주십니다. 그리고 죽음 후에 무덤을 비우고 다시 사셨습니다.

환난 날의 기도는 너무 늦은 기도가 아니라 오히려 바른 영성의 기도입니다. 자신을 진실하게 돌아보고 하나님을 바라보는 기도이기 때문이죠.

Part 5
영접의 질서

주는 것이 받는 것보다 복이 있다

(사도행전 20:35)

1_
기쁜 소식을 전하는 사명

'이방인에게 복음을 전하라'

〈사도행전〉은 예수님의 공생애 마지막 40일부터 시작됩니다. 부활하신 예수님이 제자들과 어떤 시간을 보내셨는지 정확히 알 수 없지만, 다시 사셨다는 확신에 찬 메시지였을 것입니다. 그리고 성령이 임하실 것을 기다리라고 하죠.

예수님이 승천하신 후 제자들은 주님이 명령하신 복음 전파를 위한 사역이 시작됩니다.

> 너희는 가서 모든 민족을 제자로 삼아 아버지와 아들과 성령의 이름으로 세례를 베풀고 내가 너희에게 분부한 모든 것을 가르쳐 지키게 하라(마 28:19~20).

제자들에게 남긴 말씀은 그들의 사명이자 지상명령입니다. 여기서 눈여겨볼 문장은 제자로 삼아, 세례를 베풀고, 가르쳐 지키게 하라는 것입니다.
이 세 문장은 복음의 목표가 무엇인지 말해 줍니다. 예수님이 그랬던 것처럼 많은 사람을 깨닫게 하여 믿음의 자녀가 되게 하는 것이죠.
그렇다면 제자 삼고 세례를 베푸는 등의 활동은 이스라엘 민족만을 말한 것일까요? 아닙니다. 구약시대와 달리 예수님의 부활과 승천으로 이방인에게도 구원의 길이 열려 기회가 주어집니다.

그러나 복음으로 아름다운 공동체가 세워졌지만, 그 복음이 문턱을 넘어가기 위해서는 전환점이 필요했습니다. 이때, 로마의 백부장 고넬료와 베드로가 만남으로 시작됩니다.
고넬료는 로마인이면서 하나님을 믿던 사람이었습니다. 그의 신실함을 아신 하나님은 베드로를 찾아가 말씀을 청해 들으라 합니다. 그때, 욥바에 머물던 베드로는 기도를 드리던 중 다음과 같이 성령의 명령을 받습니다.

> 하늘이 열리며 한 그릇이 내려오는 것을 보니 큰 보자기 같고 네 귀를 매어 땅에 드리웠더라. 그 안에는 땅에 있는 각종 네발 가진 짐승과 기는 것과 공중에 나는 것들이 있더라. 소리가 있으되 베드로야 일어나 잡아먹어라
> (행 10:11~13).

하나님은 베드로에게 내려준 짐승과 새를 잡아먹으라 명령합니다. 그런데 그는 "속되거나 깨끗하지 않은 것은 먹을 수 없다."라

고 거부하죠. 그러자 두 번째에도 같은 환상을 보이고 이때도 거부하자 "하나님께서 깨끗하게 하신 것을 속되다 하지 말라"라며 경고합니다.

이것은 〈사도행전〉에서 가장 중요한 전환점의 순간입니다. 세상 모든 영혼이 예수님의 십자가와 부활의 복음으로 인해 정결함을 입었다는 선언이죠. 오직 믿음으로 얻을 선물로서 말이죠. 이 환상은 세 번에 걸쳐 나타난 뒤 사라집니다.

이때, 고넬료가 보낸 사람이 베드로를 찾아와 말씀을 청하자, 그는 자기가 본 환상이 복음을 전하라는 뜻임을 깨닫게 됩니다. 그 후 베드로는 고넬료를 찾아가 그곳에 모인 사람에게 복음을 전하고 그들에게 성령이 임하자, 세례를 베풀게 됩니다.

고넬료의 성령 체험과 세례 사건은 매우 큰 의미가 있습니다. 예수님의 '서로 사랑하라'의 말씀대로 민족과 신분의 차별함 없이 모든 사람에게 구원의 길이 열렸기 때문이죠.

> 하나님은 지극히 작은 자를 위해 마실 물을 주고 헐벗었을 때 입을 것을 내주는 것은 주님께 하는 것과 같다고 하셨습니다. 마치 연약한 자녀에게 마음 쓰는 아버지가 자기가 은혜 입은 듯 도움에 고마워하신다는 말이죠.
>
> 구원은 사랑의 행위로 말미암지 않습니다.
>
> 하지만 복음으로 예수님의 포도나무 가지가 되어 열매 맺어 살아갈 수 있습니다.

고넬료를 통한 하나님의 말씀은 우리를 참소 – 죄를 있는 것처럼 꾸미는 – 하는 사탄에게 외치신 고함입니다.

그리고 무엇보다 우리 자신 안에 증거 한 말씀이기도 하죠.
복음은 나의 삶을 아름답게 하고 능력이 될 때 나를 통해 누군가에게 좋은 소식이 될 수 있습니다. 그것을 전하는 것에 성도는 인색하지 말아야 합니다.

예수님을 영접하기 위한 복음 전파는 그의 제자들을 통해서만 이루어진 것은 아닙니다. 열두 제자 외에 교회사에 큰 획을 그은 사람 중 한 명은 바울 – 회심 전 바리새파였다 – 입니다.
그는 예루살렘 교회를 박해할 때 스데반 순교 – 돌에 맞아 죽음 – 에도 가담했습니다. 누구보다 예수님을 따르던 사람들을 찾아 괴롭혔던 것이죠.

> 그 도를 따르는 사람을 만나면 남녀를 막론하고 결박하여 예루살렘으로 잡아오려 함이라(행 9:2).

위에서 말하는 '그 도'는 예수님으로 바울이 대제사장에게 다메섹으로 가서 "예수의 제자들을 잡아들이겠다."라며 한 말입니다. 전통적인 유대인 입장에서 예수님의 제자는 악의 축이었던 것이죠.
그런 그가 다메섹 – 현재 시리아수도 – 을 향해가던 중 예수님을 만납니다.

> 네가 어찌하여 나를 박해하느냐 하시거늘 대답하되 주여 누구 시니이까 이르시되 나는 네가 박해하는 예수라
> (행 9:4).

이때, 예수님은 바울의 눈을 가리고 사흘 동안 먹지도 못하게 한 채 다메섹에 있는 아나니아에게 보냅니다.
아나니아는 예수님으로부터 바울에게 안수하라는 명령을 받고 그가 성도들을 괴롭혔음에 의문을 품습니다.
그런 아나니아에게 예수님은 바울의 쓰임에 대해 이렇게 말합니다.

> 내 이름을 이방인과 임금들과 이스라엘 자손들에게 전하기 위하여 택한 나의 그릇이라(행 9:15).

바울의 쓰임은 이방 민족에게 복음을 전하는 제자로 선택받은 것이었습니다.
이방인은 당시 초대교회가 선민이라는 아집으로 인해 품지 않았던 교회 밖 사람이었습니다. 죄인이며 배교자였죠.
예수님은 그들에게 복음의 기쁨을 나눠주기 위해 처지가 비슷한 바울을 택했습니다. 바울이야말로 죄인이며 오실 이를 기다리던 유대인의 믿음을 배반한 사람이었으니까요.

이후 바울은 자신의 과거를 반성하고 제자들을 만나 용서받고 예수님의 명령을 따르게 됩니다.
그는 세 번에 걸친 선교여행 - 로마제국 - 을 통해 복음을 전하죠.
그리고 그때마다 썼던 교회의 서신이 우리가 알고 있는 바울서신 - 신약 27권 중 13권을 차지 - 입니다.
신약의 절반을 차지하는 바울서신에 대해 혹자는 이런 말을 합니다.
"바울이 없었다면 초대교회가 정착하는 데 어려움이 많았을 것이다."라고 말이죠.

그만큼 그의 서신은 교회와 성도들을 깨닫게 하는 데 중요한 역할을 한 것입니다.

> 성경을 읽고자 할 때 '어디서부터 보는 것이 도움 되느냐' 라는 질문을 한 번쯤 합니다. 이때 대다수 교인은 복음서를 권유하죠. 그러나 복음서는 믿음에 대한 근본적인 깨달음이 비유로 표현되어 난해하기도 합니다.
> 반면, 바울서신은 예수님을 모르는 사람에게 복음을 전하는 글이라 문장을 이해하는 데 보다 쉬운 편입니다.
> 그래서 말씀을 이해하려면 바울서신을 함께 보는 것이 도움이 됩니다.

하나님은 우리를 주님의 택한 그릇으로 사용하길 원하십니다. 우리의 닫혀버린 눈과 귀를 열어두길 원하시죠.
예수님이 3일 만에 무덤을 비우신 것처럼 우리도 예수님의 눈으로 세상을 보고 다시 태어나길 기대하십니다.
예수님의 영이 우리에게 임할 때 온전히 새롭게 하실 수 있으신 분임을 바울의 회심이 증거하고 있습니다. 자기 확신 안에 살기 가득했던 바울처럼 우리도 닫혀있는 눈과 귀의 확신 안에 살아가고 있지 않은지 돌아봐야 합니다.

- 복음은 믿음을 나누는 것 -

그리스도인은 복음을 전파해야 하는 사명을 갖고 길을 걸어가야 합니다. 예수님의 열두 제자나 바울은 어떤 대가도 없이 평생을 바쳐 복음을 전파했습니다.
그 이유가 무엇일까요? 돈, 명예 그런 것들 때문은 아니었습니다. 핍박을 견디며 오로지 예수님의 말씀과 사랑을 많은 사람들이 알고 함께 나누고자 함이었죠.

오늘날 우리가 복음을 전하려 할 때 두려운 것은 생명의 담보가 아닌 말씀에 대한 지식 부족을 토로합니다. 하지만 생각해 보면 복음에 방해되는 것은 지식이 부족해서가 아닙니다. 복음을 전하는 자신의 태도가 문제인 경우가 많습니다. 상대방이 나를 비아냥 거리지 않을까? 라는 두려움 때문도 있죠. 다시 말해 복음을 전하는 것보다 자신을 드러내는 것을 두려워하는 것입니다.
이 문제를 바울은 정면으로 돌파했습니다. 그를 통해 복음을 전파하는 것은 아름다운 말이나 멋진 성경 구절이 아님을 알게 합니다. 확고한 믿음과 이를 통해 얻은 평안한 마음만 전해도 그 시작의 첫걸음에 충분할 것입니다. 어쩌면 그것이 하나님의 잃어버린 어린양 한 마리를 찾아오는 밑거름 아닐까요?

2_
예수를 통한 삶의 시작

'내면의 거룩함과 부지런함'

‖ 이방인 할례circumcision와 구원

> 어떤 사람들이 유대로부터 내려와서 형제들을 가르치되 모세의 법대로 할례를 받지 아니하면 구원받지 못하리라(행 15:1).

바울의 1차 선교여행 - 안디옥 - 중 일부 사람들이'할례'에 대한 문제를 구약의 시각으로 접근해 가르쳤습니다.
할례가 필수적임을 문제 제기한 것으로 보아, 여기서 말하는 '어떤 사람들'은 아마 전통적인 유대인들로 보입니다.

이 문제가 교회 안에서 적지 않은 다툼이 되자 형제들은 해답을 찾고자 바울과 바나바를 예루살렘 사도와 장로들에게 보냅니다.
이때까지 예수님의 제자들이 다른 이들의 말보다 권위가 있었음을 알 수 있죠. 예루살렘에 도착한 바울은 그들 앞에서 할례의 문제를 얘기하고 서로의 의견에 설왕설래하게 됩니다. 이때 베드로가 나서 한마디 합니다.

> 하나님이 우리와 같이 그들에게도 성령을 주어 증언하시고 믿음으로 그들의 마음을 깨끗이 하사 그들이나 우리나 차별하지 아니하셨느니라(행 15:8).

이 말에 이어 "너희가 어찌 하나님을 시험하여 우리도 능히 메지 못한 멍에를 제자들 목에 두냐"라며 꾸짖습니다.

베드로의 의견은 예수님이 믿음 안에서 차별하지 않으셨음을 상기시키는 말이었습니다. 그의 말에 온 무리가 대답 못 하자 바울과 바나바는 선교 중에 이방에서 행한 표적 등을 덧붙여 말합니다. 그러자 야고보 - 예수님 형제 - 가 선지자의 말을 인용하여 베드로의 말을 확실하게 합니다.

> 그날에 내가 다윗의 무너진 장막을 일으키고 그 허물어진 것을 다시 지어 일으켜 세우고, 남은 자와 내 이름으로 일컫는 만국을 기업으로 얻게 하리라(암 9:11~12).

아모스 선지자의 말을 인용해 '다윗의 무너진 장막'을 다시 세우는 것은 새로운 약속이신 예수님을 통해 이루어짐을 말합니다. 그리고 '만국을 기업으로 얻게 하리라'는 것은 이방인도 하나님의 자녀가 된다는 것을 의미한 것이죠.

결과적으로 야고보가 베드로의 말에 동의한 것입니다.

그러면서 “하나님께 돌아온 이방인을 괴롭게 하지 말고, 우상과 음행 등을 멀리하라”라는 주의 문구를 담아 안디옥 교회에 편지를 보내기로 결정합니다.

당시 남자의 몸에 칼을 대어 할례를 하는 이유는 통치권을 하나님께 드린다는 고백입니다. 또한, 태어나 8일 만에 치른 할례는 하나님의 시간 7일이 지나고 우리 삶을 줬을 때 하나님을 모시며 살겠다는 결단과 같죠.
그러나 예수님의 부활과 승천으로 하나님은 성도에게 예수님을 통해 앞에 나오게 합니다. 예수님을 우리의 왕으로 모시는 삶이 구원이며 복 된 것임을 알게 한 것이죠.
이방인의 할례와 구원에 대한 문제는 오늘날 교회의 총회를 통해 결정한 것이라 할 수 있습니다. 예루살렘이라는 상징적인 곳에서 사도와 장로들을 통해 결정한 것이죠.
그리고 이 결정은 안디옥 교회와 여러 교회를 통해 이후 이방인 선교에 지침이 됩니다.

‖ 교인의 자질

바울은 첫 번째 서신으로 알려진 〈데살로니가〉에는 ‘공동체 안에서의 기본적인 질서’를 가르치고 있습니다.
여기에는 음란을 버리고 게으르지 말라는 등의 현실에서 부정함을 함께 경고하고 있죠.

먼저 〈데살로니가 전서〉를 살펴보면, 바울은 하나님이 기뻐할 삶을 살아가라 합니다.

> 하나님을 기쁘시게 할 수 있는지를 우리에게 배웠으니 곧 너희가 행하는 바라 더욱 많이 힘쓰라(살전 4:1).

바울은 기뻐하는 삶을 살기 위해 그들에게 「주의할 세 가지」와 「책임 있는 한 가지」를 강조합니다.

먼저 「주의해야 할 세 가지」는 내적 거룩함을 유지하는 것입니다. 자세히 살펴보면 다음과 같죠. 첫째, '음란'을 버리라 합니다. 음란은 개인의 쾌락을 추구하는 것으로 성적 문란을 얘기하죠. 당시 로마의 성적 부도덕함에 대한 경고이자 거룩함을 방해하는 요소임을 말한 것입니다.

둘째, 거룩함과 존귀함으로 아내를 대하고 '색욕'을 따르지 말라고 합니다. 아내는 남편과 가장 가까운 사람입니다.

그런 아내를 저버리고, 하나님을 모르는 이방인처럼 색욕으로 자기 몸을 더럽히지 말라는 것이죠.

셋째, 분수를 넘어서 '형제'를 해하지 말라고 합니다.

이 말은 성적 부적절성과 경제적인 핍박 측면에서 생각해 볼 수 있습니다. 전자인 성적 부적절성은 음란과 색욕의 문맥과 유사하다 볼 수 있습니다. 그리고 후자는 〈신명기〉 23장의 "형제에게 이자를 받지 말라"는 동족 간 지켜야 할 도리 측면에서 해석한 것입니다. 결과적으로 두 가지 모두'형제를 저버리는 것'으로 하나님께 부정한 것이라 말할 수 있죠.

앞서 살펴본 「주의해야 할 세 가지」는 성도들이 흔히 말하는 '하나님이 우리를 시험에 들게 했다.'라는 말로 자신을 포장하기도

합니다. 나의 잘못을 하나님 계획의 일부로 생각하는 것이죠. 그런데 하나님이 자기 피조물인 인간을 괴롭히기 위해 시험을 주신 것일까요? 그렇지 않습니다. 하나님은 인간을 창조하시고 보시기에 좋아했던 분입니다. 인간을 이해하고 사랑하시는 분이기에 시험에 빠졌을 때 '하나님과 한 발 멀어져 있구나'라고 반성해야 합니다. 매번 시험에 빠졌다고 말한다면 교회 외부의 시선은 하나님을 나쁜 신이라고 말하겠죠. 항상 시험을 주시는 분이니까요. 그런 분을 왜 믿어야 하는지 반문하면 할 말도 궁색해집니다.

「책임 있는 한 가지」는 교회의 일꾼으로서 역할입니다.

> 조용히 자기 일을 하고 너희 손으로 일하기를 힘쓰라 이는 외인에 대하여 단정히 행하고 또한 아무 궁핍함이 없게 하려 함이라(살전 4:11).

위 구절은 스스로 일을 해 문제를 해결하고 남에게 피해를 주지 말라는 의미를 담고 있습니다. 교회의 문제 중 남의 손을 빌려 의지한 것에 대한 경고의 메시지로 보입니다. 초기 교회의 불안정성을 생각해 보면 내면의 믿음도 중요했지만, 외적으로 비치는 모습을 의식하지 않으면 안 됐을 테죠.

다음으로 〈데살로니가 후서〉를 살펴보면 게으름에 주의하라 가르치고 있습니다.

> 게으르게 행하고 우리에게서 받은 전통대로 행하지 아니하는 모든 형제에게서 떠나라(살후 3:6).

바울은 교회 안에서 게으른 사람을 두고 보지 말 것을 말합니다. 음식을 먹는 것은 일을 통해 얻은 수고로움에 대한 보상으로 일하지 않고 먹는 것은 다른 사람에게 폐를 끼친다고 생각한 것이죠. 바울의 게으름에 대한 경고는 공동체 질서가 무너지지 않는 방법의 하나입니다. 초기 교회는 경제적으로 어려워 믿는 사람들이 모여 물건을 통용-재산과 소유를 팔아 각 사람의 필요를 따라 나눠 주며(행 2:45)-하고 나눠 썼습니다. 그만큼 개인의 역할이 모두 소중한 것이었죠.

- 게으른 신앙을 경계하자 -

게으름은 자기관리를 하지 않는 사람의 표상입니다.
일하지 않고 일확천금을 바라거나, 운동하지 않고 건강을 바라는 것처럼 기도하지 않고 구원받으려는 것과 같죠. 신앙인으로서 자기관리는 교회에서 열심과 믿음의 비례성에 있습니다. 예배를 참석하지만 회개하지 않거나 기도하지 않는다면 구원은 없는 것이죠.
〈잠언〉 6장 9절에"좀 더 자자, 좀 더 졸자, 손을 모으고 좀 더 누워 있자면 네 빈궁-가난-이 강도 같이 오며, 네 곤핍이 군사같이 이르리라"라는 말이 있습니다.
작은 게으름 끝에는 결국 큰 고난이 닥친다는 말이죠.
게으름 때문에 더 큰 화가 닥친다면 그때는 후회해도 소용이 없습니다. 〈잠언〉 말씀이 이를 경고하고 있죠.

3_
성도의 도리

'하나 되는 교회와 성도'

고린도는 지중해에 맞닿은 도시로 많은 우상과 신전이 즐비한 도시였습니다. 지리적·문화적 특성을 고려하면 신자들 사이에 다양한 다툼 거리가 있을 법하죠.
마침, 바울에게도 고린도 교회의 많은 문제가 귀에 들어오세 됩니다. 교회의 분파 논쟁부터 우상의 문제까지 다양한 다툼은 교회의 일관된 원칙을 필요로 하죠.
그래서 바울은 제기된 문제에 대한 자신의 의견을 정리하여 서신으로 보냅니다. 이것이 〈고린도전서〉로 핵심 내용은 '그리스도인의 도리'를 강조하고 가르치고 있습니다.

첫 번째 가르침은 교회 내부의 「분파 분쟁」에 대한 것이었습니다.

> 각각 이르되 나는 바울에게 나는 아볼로에게 나는 게바에게 나는 그리스도에게 속한 자라 한다는 것이니
> (고전 1:12).

교회에 다양한 신자가 모이자 주관적 견해를 내세워 '누구를 따를 것이냐'를 놓고 파벌을 만들게 됩니다.
문장에 나와 있는 아볼로는 요한의 세례만 알던 사람 - 예수님이 메시아인줄 몰랐음 - 이며, 게바 - 바위란 뜻 - 는 베드로를 말합니다.

바울은 자신의 견해를 고집하는 성도를 향해 이렇게 책망합니다.
첫째, 예수님은 사람을 위해 제자를 나누지 않았음을 말합니다. 그러면서 "바울이 너희를 위해 십자가에 못 박혔느냐"라며 주인 되시는 분이 누구인지 깨달으라 하죠.
예수님은 제자들을 가르칠 때 "능력을 거저 받았으니, 사람들에게 거저 주라"고 말씀하셨습니다. 대가를 바라지 않고 남을 위해 사용하라는 것이었죠. 여기에는 '내가 어떤 사람이다.'라고 앞세우지 말라는 의미도 담겨 있습니다.
예배는 누가 왕이신가의 문제와 다투는 영적 싸움입니다.
성전을 걸어도 왕 되신 하나님께 왕의 자리를 드릴 때 왕의 다스림과 예배의 회복을 경험할 수 있죠. 수많은 선택과 순간에도 누가 왕이며 주인 인가의 질문 앞에 나올 수 있는 대답은 예수 그리스도입니다.
둘째, 예수님이 자신을 선택한 이유는 '오직 복음을 전하게 하였다.'라는 것입니다.
그래서 자신이 세례한 사람은 그리스보, 가이오 외에는 없다고 하

죠. 이런 문제가 교회의 불화를 가져올 수 있음을 예견하고 자신은 복음에 전념했다고 그들에게 말한 것입니다.
셋째, "우리는 하나님의 동역자들이요, 너희는 하나님의 밭이요, 하나님의 집이니라(고전 3:9)"라고 표현합니다.
이 말은 모두가 하나님 안에 살아가고 있음을 의미한 것입니다. 이어서 "다른 터를 닦아 둘 자가 없으니 이 터는 곧 예수 그리스도라(고전 9:11)"라고 말합니다.
교회 위에 다른 사람은 세울 수 없다는 것이죠. 오직 예수님만이 교회의 터가 된다는 것으로 사람으로 교회를 타락시키지 말라는 교훈을 남긴 것입니다.

두 번째 가르침은 「음행과 우상의 제물」에 관한 것이었습니다. 먼저 '음행'에 대한 것은 바울이 "누가 그 아버지의 아내를 취하였다."라는 말을 듣고도 성도들이 내쫓지 않았다며 결코 작은 일이 아님을 경고합니다.

> 적은 누룩이 온 덩어리에 퍼지는 것을 알지 못하느냐 우리가 명절을 지키되 묵은 누룩으로도 말고 악하고 악의에 찬 누룩으로도 말고 오직 순전함과 진실함의 떡으로 하자(고전 5:6, 8).

바울은 음행이 누룩yeast처럼 퍼져나가면 걷잡을 수 없다며 그리스도인이 되기 전처럼 살아가지 말라 합니다.
누룩은 빵을 구울 때 부풀어 오르게 하는 첨가물입니다. 성경에서는 불 순결을 표현할 때 자주 쓰던 단어로 예수님을 몰랐던 시절을 비유한 것이죠.

바울은 교회 안에서 부정한 성도는 심판을 받아야 한다고 말합니다. 성도가 아닌 사람이 어떻게 사는지 상관 하지 않지만 성도는 바깥세상과 구별되어야 한다는 것이죠.

> 밖에 있는 사람들을 판단하는 것이야 내게 무슨 상관이 있으리요 마는 교회 안에 있는 사람들이야 너희가 판단하지 아니하랴
> (고전 5:12).

성도가 바로 서지 않으면 복음을 전하는 것에 악영향을 미칠 수 있습니다. 지금 세상도 이 말씀에 대해 자유롭지만은 않죠. 비그리스도인이 교회의 성도를 보면서 한 번쯤 던진 질문에 대해 생각해 보면 알 수 있습니다.
흔히 말하는 교인이 왜 그래?, 교회 다니면서 그렇게 해도 되냐? 라는 질문이 바로 우리를 바라보고 있는 시각입니다.

'우상의 제물'에 대한 논란은 지금 우리 시대의 교인들이 자주 질문받는 것 중 하나입니다. 〈고린도전서〉 8장에서도 "성도가 우상을 숭배하는 사람의 제물을 먹을 수 있느냐"에 대해 다루고 있죠.

> 우상의 제물을 먹는 일에 대하여 우상은 세상에 아무것도 아니며 또한 하나님은 한 분밖에 없는 줄 아노라
> (고전 8:4).

바울은 성도에게 우상은 아무것도 아닌 존재라 말하고 있습니다. 우상은 '하나님을 믿지 않은 자들의 것'으로 하나님의 자녀는 우상을 믿지 않음으로 산물인 음식은 제물로서 역할을 하지 않는다

는 것이죠.

> 너희의 자유가 믿음이 약한 자들에게 걸려 넘어지게 하는 것이 되지 않도록 조심하라, 지식 있는 네가 우상의 집에 앉아 먹는 것을 누구든지 보면 그 믿음이 약한 자들의 양심이 담력을 얻어 우상의 제물을 먹게 되지 않겠느냐
> (고전 8:9~10).

바울은 우상의 제물을 먹지 않은 이유에는 믿음이 관련 있다고 말합니다. 믿음이 강한 신자는 상관없지만, 약한 자는 먹는 것을 보고 당연히 먹어도 된다 - 우상으로 인식한 상태에서 - 고 받아들인다는 것입니다. 그래서 믿음이 부족한 사람을 생각해 그 제물 먹는 것을 주의하라는 것이죠. 결론적으로 바울은 우상의 제물을 먹는 문제에 대해 "만일 음식이 형제를 실족하게 한다면 영원히 고기를 먹지 말라(고전8:13)"라고 말합니다. 먹지 않음으로 모범을 보이고 믿음 약한 성도들이 유혹에 빠지지 않게 하라는 것이죠.

세 번째 가르침은 「성찬의 경건성」입니다.

> 너희가 함께 모여서 주의 만찬을 먹을 수 없으니 이는 먹을 때에 각각 자기의 만찬을 먼저 갖다 먹으므로 어떤 사람은 시장하고 어떤 사람은 취함이라 (고전 11:20).

바울은 성찬식에 먹는 떡과 포도주를 '집에서 먹는 음식'처럼 여겨 먼저 먹는 신자들에 대한 우려를 표합니다.
위 구절에서 당시 일부 신자가 절차를 무시하고 성찬식 음식을

함부로 대했음을 알 수 있죠.
바울은 그들의 무지함에 성찬 음식의 경건함을 예수님과 제자들의 최후의 만찬을 비유로 설명합니다.

> 이 떡을 먹으며 이 잔을 마실 때마다 주의 죽으심을 그가 오실 때까지 전하는 것이니라, 주의 떡이나 잔을 합당하지 않게 먹고 마시는 자는 주의 몸과 피에 대하여 죄를 짓는 것이니라(고전 11:26~27).

바울은 성찬식 음식이 예수님의 몸과 피를 의미함으로 합당치 않게 먹는 사람은 '죄'를 짓는 것으로 규정합니다.
그리고 이 말은 예수님이 제자들과 마지막 식사를 하실 때 남긴 말씀 - 이것은 내 몸이니라, 나의 피 곧 언약의 피니라(마 26:26) - 에 근거한 것이죠. 성찬식은 예수님의 희생에 대한 예식임에 몸과 마음을 바로 하라 강조한 것입니다.

네 번째 가르침은 「은사의 우선순위」입니다.
당시 고린도 교회에서 많은 은사 - 하나님이 주신 선물 - 가 일어났던 것 같습니다. 바울은 이점을 꼬집어 서로 자기 은사가 좋다는 것이 잘못된 판단이라는 것을 서신에 남겼습니다. 그리고 은사는 어느 것이 좋냐의 문제가 아님을 덧붙이죠.

> 몸은 하나인데 많은 지체가 있고 몸의 지체가 많으나 한 몸임과 같이 그리스도도 그러하니라(고전 12:12).

바울은 은사의 우선순위를 인간의 몸을 가지고 비유합니다. 우리의 몸통은 하나지만 그곳에는 눈, 귀, 손, 발 등이 있습니다. 어느 것 하나라도 없다면 불편함을 초래하죠.
하나님이 준 은사[charisma]도 이처럼 필요한 곳에 두셨음으로 어느 것이 중요하다고 할 수 없다는 말입니다.

교회를 다녀보면 방언, 치유 등의 은사를 받은 사람을 보거나 듣게 됩니다. 그런데 정작 '나는 은사를 받지 못했다.'라며 아쉬워합니다. 은사는 하나님이 필요한 사람에게 준 선물을 말합니다. 꼭 초능력자처럼 다른 사람에게 없는 특별한 능력만을 말하는 것이 아니죠. 우리 각자에게 필요한 것을 준 것입니다.
예를 들어 말을 잘하거나 달리기를 잘하는 것도 은사죠.
다만, 우리가 그것을 하나님으로부터 받았다고 생각하지 못하기 때문에 다른 사람의 은사를 동경하는 것입니다.
바울은 이런 사람들에게 더욱 큰 은사를 사모하라 합니다. 그것은 바로 '사랑'으로 서로 사랑이 없으면 은사의 유익함도 없다고 말합니다. 그가 사랑에 대해 구체적으로 표현한 것은 〈고린도전서〉 13장에서 찾아볼 수 있습니다.

> 사랑은 언제까지나 떨어지지 아니하되 예언도 폐하고 방언도 그치고 지식도 폐하리라(고전 13:8).

바울은 은사는 삶의 일부분으로 영원하지 않음을 말하고 있습니다. 그러므로 항상 있는 믿음 · 소망 · 사랑이 좋으며 그중 제일을 '사랑'이라 합니다.

예수님도 제자들에게 새 계명을 주실 때 "내가 너희를 사랑한 것 같이 너희도 서로 사랑하라(요 13:34)"하셨습니다.
교회 안에서 어떤 것이 좋은 것인지 이미 말씀하신 것이죠.

다섯 번째 가르침은 「부활」입니다.

> 너희 중에서 어떤 사람들은 어찌하여 죽은 자 가운데서 부활이 없다 하느냐 만일 죽은 자의 부활이 없으면 그리스도도 다시 살아나지 못하셨으리라(고전 13:1~3).

위 구절을 통해 예수님의 부활에 대해 믿지 않은 사람들이 교회에 있음을 알 수 있습니다.
고린도 교회가 헬라 문화권에 속해 있었음에 철학적 지식을 갖은 성도의 사상이 교회 안에서 설왕설래했던 것으로 보입니다.
바울은 이 문제를 한마디로 정의합니다.

> 그리스도께서 다시 살아나신 일이 없으면 너희의 믿음도 헛되고 너희가 여전히 죄 가운데 있을 것이요 또한 그리스도 안에서 잠자는 자도 망하였으리니(고전 15:17~18).

예수님이 부활하심으로 우리의 죄가 씻겨나갔는데, 그 믿음이 없다면 제자나 성도들의 수고로움 - 잠자는 자 - 은 헛되다고 말합니다. 한마디로 부활을 의심하는 자가 교회에 있는 것은 현실의 삶만을 추구하는 것이니 어불성설이죠.
부활에 대한 의심은 '죽은 자가 다시 살아나 어떤 몸으로 다시 오느냐(고전 15:35)'는 질문으로 이어집니다. 바울은 이 질문에 대해 이렇게 정의를 내리죠.

> 무릇 흙에 속한 자들은 저 흙에 속한 자와 같고 무릇 하늘에 속한 자들은 저 하늘에 속한 이와 같으니, 우리가 흙에 속한 자의 형상을 입은 것 같이 또한 하늘에 속한 이의 형상을 입으리라 (고전 15:48~49).

바울의 말을 보면 이게 무슨 소리인가? 싶은데 쉽게 말하면 이렇습니다. 인간은 아담의 후손이라 죽으면 흙으로 돌아가지만 예수 그리스도를 믿음으로 하늘에 오른다는 말이죠.
썩지 않음 - 부활한 몸 - 으로 하늘에 올라 영원히 죽지 않고 영광을 함께 누린다는 것을 말합니다.

바울이 고린도 교회를 위해 보낸 서신은 초기 교회의 많은 문제를 해결함으로 신앙의 질서와 방향성을 찾아갑니다. 편 가르기와 음행을 멀리하라 하고 경건한 마음과 사랑으로 형제를 대하여 그리스도의 영광을 가지라는 것이죠. 이 서신은 당시 성도들의 궁금증을 해결한 편지였지만 오늘날 우리의 궁금증에 대한 답이라 해도 과언이 아닙니다. 과거보다 더 복잡한 세상과 물질에 노출되어 있어 초기 교회보다 더 큰 신앙심을 요구받고 있기 때문이죠.

- 지금 우리는 어떠한가? -

바울이 침묵하지 않았을 때 고린도에 세워진 교회가 다른 교회를 돕는 신실한 성도로 채워졌습니다. 또한, 목회를 맡길 동역자들을 세웠으며 서신에서 보듯 신실하고 믿음의 고민을 나누는 교회가 되었죠.

수 세기 전 초기 교회의 질문은 오늘날 성도의 숙제이기도 합니다. 많은 정보와 역사 자료가 넘쳐나는 세상임에도 그 질문은 과거와 크게 다르지 않습니다. 신앙의 본질이 바뀌지 않기 때문이죠. 고린도 교회에는 하나님이 계셨고 뜻을 함께하는 성도들이 있었음에 혼자가 아니었습니다. 바울은 우리에게 이렇게 말하고 있습니다. 하나님의 사람으로 하나님을 떠나 살지 말라고 말이죠.

4_
의로움과 구원의 길

'그리스도인의 기본교리'

고등수학을 배울 수 있는 것은 1+1부터 시작된 초등학교 수학에서 비롯됩니다. 기초와 원리를 이해하면서 수학 공식을 다루는 기술도 늘어가죠.

복잡한 수학 공식은 그렇게 어릴 때부터 배움을 통해 해결할 수 있습니다. 그런데 비유와 은유로 숨겨진 성경 말씀은 고학력자라도 교리 - 진리와 뜻 - 를 이해하는 데 어려움이 많죠. 그럴 때 우리는 목회자나 오랜 교회 생활을 해온 사람을 통해 의문점을 해결합니다. 신학적 이론과 말씀에 대한 고민을 많이 하신 분들이기에 오류 - 잘못된 해석 - 를 줄일 수 있으니까요. 하지만 바울의 시대는 지금처럼 성경학자가 많지 않아 교리를 이해하는 것이 쉬운 일이 아니었습니다.

그래서 오래전부터 전해져온 율법을 통해 이해하는 것이 전부였습니다. 많은 사람이 학문적으로 밝지 않았음에 해석은 오롯이 제사장의 몫이었고 그들의 판단에 의지할 수밖에 없었죠.
그러나 세월이 흐르면서 그들은 율법을 자신들의 입맛에 맞추어 해석하는 등 폐해가 심했습니다. 그러던 중 바울이 로마에 복음을 전하려는 마음을 먹으면서 성도들을 위해 서신을 먼저 보냅니다. 서신에는 죄에서 인간을 구원하신 예수님과 기독교의 교리를 설명하고 있죠.
그것이 지금의 〈로마서〉이며 여기에는 바울이 방문하는 목적이 분명히 적혀있습니다.

> 나는 할 수 있는 대로 로마에 있는 너희에게도 복음 전하기를 원하노라 이 복음은 모든 믿는 자에게 구원을 주시는 하나님의 능력이 됨이라 먼저는 유대인에게요 그리고 헬라인에게로다
> (롬 1:15~16).

앞서 살펴본 서신들은 그곳 교회들을 사전에 방문한 후 발생한 문제를 정리하는 내용으로 구성되어 있었습니다. 그런데 〈로마서〉는 방문 전 서신을 작성하여 미리 보냈습니다. 마치 이력서를 먼저 보내 면접관들과 소통의 창구를 미리 열어주는 것과 같죠. 〈로마서〉의 핵심내용은 예수님을 통한 '의로움과 거룩함이 무엇인가?'에 대한 것으로 기록되어 있습니다.

내용을 하나씩 살펴보면,
첫 번째는 「심판의 공정성」에 관한 것이었습니다.

> 남을 판단하는 사람아 누구를 막론하고 네가 핑계하지 못할 것은 남을 판단하는 것으로 네가 너를 정죄함이니 판단하는 네가 같은 일을 행함이니라(롬 2:1).

위 구절은 인간이 남의 죄를 단정하는 것은 잘못된 것이라 말하고 있습니다. '네가 너를 정회함이니'라는 문구에서 남을 판단하는 것은 자신에게 죄를 돌리는 것과 같다고 보는 것이죠. 그리고 5절에서 "네 고집과 회개하지 아니한 마음을 따라 하나님의 의로우신 심판이 나타나는 그 날에 임할 진노를 네게 쌓는 도다."라며 정죄는 하나님뿐임을 경고합니다. 현실에서 죄에 대한 잘못은 재판을 통해서 할 수 있습니다. 위 구절처럼 장황한 설명은 필요 없는 것이죠.

그럼에도 바울이 남을 판단하는 것을 하나님께 돌린 이유는 무엇일까요? 그것은 인간 사이의 죄를 논한 것이 아닙니다.

바울이 정의한 악은 율법을 자신들의 것으로만 적용한 사람에 대한 경고였습니다. 유대인이라 불리면서 율법을 편리한 대로 해석한 사람들을 말한 것입니다.

이는 "율법을 자랑하는 네가 율법을 범함으로 하나님을 욕되게 하느냐(롬 2:23)"라는 말씀에서 알 수 있죠. 율법과 할례 - 하나님 백성으로 구분 짓는 의식 - 는 당시 이스라엘 민족에게 중요한 규례였습니다. 그러나 그것을 잘 아는 사람들은 마음에 새기지 않고 드러내려 했죠. 이런 사람을 바울은 '표면적인 유대인(롬 2:28)'으로 표현하면서 율법과 할례는 마음에 두어 하나님께 칭찬받는 것이라며 훈계합니다.

할례는 마음에 할지니 영에 있고 율법 조문에 있지 아니한 것이라 그 칭찬이 사람에게서가 아니요 다만 하나님에게서니라 (롬 2:28).

이 얘기는 바울이 〈로마서〉를 쓸 당시, 제사장들의 고소 - 장로들이 예수님의 도당이자 성전을 더럽힌 자(행 21:28) - 로 로마에 재판받으러 가던 길과도 연관됩니다. 제사장들은 율법으로 바울을 상대하지 못하자 로마인을 동원해 처단하려 했습니다. 그런데 바울은 오히려 로마에서의 재판을 거부하지 않습니다. 예수님이 부여한 선교의 목적으로 생각한 것이죠. 이런 그가 율법과 할례의 문제를 서신에 논한 것은, 육신으로 의식을 치렀다 해도 - 제사장처럼 - 마음에 하나님을 담지 않으면 소용없다는 것을 가르친 것입니다.

두 번째는 「믿음으로 의로움을 구하라」는 것입니다.

우리는 나으냐 결코 아니라 유대인이나 헬라인이나 다 죄 아래에 있다고 우리가 이미 선언하였느니라(롬 3:9).

바울은 유대인이나 이방인 모두 하나님 앞에서는 죄인 임을 말합니다. 의인이 없다는 것이죠. 이것을 '목구멍은 열린 무덤이요, 혀에는 속임이, 입에는 저주가 가득하다(롬 9:13)'라며 시편 - 5:9, 10:2, 140:3 - 을 인용해 말하죠.
그럼, 하나님에게 '의'는 무엇일까요? 바울은 이것을 예수님이라고 설명합니다. 예수님의 대속을 통해 값없이 의롭다 하심을 받았으므로'믿는 자도 의롭다.'라고 정의하죠.

그래서 의롭다 - 칭의 - 는 것은 율법의 행위가 아니라 믿음이라고 합니다. 유대인이나 이방인이나 모두 믿음이 있다면 죄에 대한 용서는 하나님뿐임을 강조했습니다.

세 번째는 「거룩한 삶」에 대한 문제였습니다.
바울은 예수님의 죽음과 부활로 성도가 함께 새로 태어났다고 말합니다.

> 예수와 합하여 세례를 받은 우리는 그의 죽으심과 합하여 세례를 받은 줄을 알지 못하느냐(롬 6:3)

전통적인 세례는 침례를 의미했습니다. '예수와 합하여 세례'받았나는 것은 물속에 들어감으로 죄를 죽이고, 물에서 나오므로 부활했다는 것을 비유한 것이죠.
바울은 예수님을 통해 죄에서 벗어나 의롭다 함을 받았다며 우리가 '의'의 종이 되었다(롬 6:18)고 말합니다.
이로 인해 거룩함 - 성화 - 에 이르는 열매를 맺게 되고 마지막에는 영생을 얻는다고 하죠.
그러나 "육신대로 살면 반드시 죽을 것(롬 8:13)"이라는 말을 덧붙입니다. 영으로 인도받은 사람은 하나님의 아들임에 상속자로서 예수님과 함께 영광을 받기 위해 고난도 함께 받아야 한다는 것을 말한 것입니다.

네 번째는 「성도로서 생활」에 관한 것이었습니다.

> 너희는 이 세대를 본받지 말고 오직 마음을 새롭게 함으로 변화를 받아 하나님의 선하시고 기뻐하시고 온전하신 뜻이 무엇인지 분별하도록 하라(롬 12:2)

바울은 〈로마서〉 12장부터 15장에 성도로서 어떻게 살아야 하는지 설명합니다. 그중 몇 가지를 살펴보겠습니다.
먼저 '하나님의 자녀로 분별하는 삶'을 살라 하죠.
이것은 하나님이 주신 은혜대로 사는 것이며 형제를 사랑하며 기도에 항상 힘쓰라 합니다.
또한, '선을 행하라'하죠. 박해하는 자도 축복하며, 악을 악으로 갚지 말고 모든 사람과 화목하라 합니다.
이것은 화평함으로 악을 이기고 사랑함으로 선을 베풀라는 의미가 담겨 있었습니다.

> 〈마태복음〉 5장 44절에 "원수를 사랑하라"는 말이 있습니다. 하나님의 자녀로 악한 사람에게도 자비를 베풀라는 것이죠. 그러나 결코 쉬운 행동은 아닙니다.
> 그럼에도 이 말씀을 따라야 하는 것은 우리가 그들과 구별된 사람이기 때문이죠.

바울의 서신을 통해 적지 않은 유대인이 율법 - 예수님 부활 이전 상태 - 으로 성도들을 가르치고 있음을 알 수 있습니다. 만약 바울이 우상숭배가 만연한 로마에 건너가 예수님의 부활을 가르쳤다면 쉽게 수용할 수 없는 환경이었죠.

이 점을 놓고 보면 바울이 예수님의 부활로 얻어진 구원을 사전에 서신으로 설명한 것은 탁월한 선택이었습니다.

- 부르심에 믿음으로 응답하자 -

바울의 원래 이름은'빛을 구하는 자'라는 뜻의 사울이었습니다. 그래서 그는 바리새인의 집에서 율법을 배우고 연구하면서 자랐죠. 그러던 중 예수님을 만나 진정으로 큰 빛을 만난 사람이 되어 이방 땅에서 부르기 쉬운 바울이라는 이름을 사용하게 됩니다. 바울이라는 이름은'작다'라는 뜻으로 이는 자신에게 주신 사명대로 살겠다는 확신의 이름이었을 것입니다.

그는 성령에 이끌려 로마로 가기 전 서신을 통해 그곳의 성도를 일깨워주었죠. 그 후 로마로 가서 순교하기까지 빛을 얻은 작은 사람으로 살아갑니다.
우리 삶에도 하나님의 부르심이 있습니다. 학교, 직장생활 등으로 삶에 지쳐 잊고 살았던 부르심 말입니다.
그럴 때 바울처럼 작은 자가 되어 믿음으로 동행하면 주님이 주신 면류관을 얻을 수 있습니다. 그러기 위해서는 먼저 예수라는 포도나무의 가지가 되어 말씀의 영양분을 먹고 거듭나야 합니다.

5_
성도는 예수님과 한 몸

'하나의 몸인 교회, 예수님 안에서 살아가라'

바울이 유대인에게 예수님의 말씀을 가르치자 제사장들이 그를 죽이고자 총독 베스도에게 넘깁니다.

그러나 바울이 로마 시민권자임을 밝히며 로마 황제에게 재판받을 것을 요구하죠. 그 후 바울은 로마로 이송 - 우리가 로마에 들어가니(행 28:16) - 되고 그는 옥에 갇혀 일곱 개의 서신을 작성합니다.

그중 하나인 〈에베소서〉는 바울이 2차 선교여행 때 세운 에베소교회로 보낸 서신입니다. 여기에 담긴 핵심 내용은 '성도는 예수님 안에서 살아가야 한다.'라는 것입니다.

내용을 하나씩 살펴보면,

첫 번째로 성도가 사는 것은 「예수님 몸 안에 있는 것」이라 합니다. 결론부터 말하면 바울은 예수님이 교회의 몸이니 그 안에 살아가야 한다는 것이죠.

> 교회는 그의 몸이니 만물 안에서 만물을 충만하게 하시는 이의 충만함이니라(엡 1:23)

위 구절은 몸 안에 사는 것이 무엇인지를 설명하고 있습니다. 특히, '만물whole creation'과 '충만fullness'이라는 단어에서 '우주를 포함한 모든 것을 가득 채운다.'라는 의미가 담겨 있음을 알 수 있죠. 두 단어를 구절에 대입해 읽어보면 '교회는 예수님의 몸으로 세상 모든 것을 채우신 예수님이 그 안에 가득하다.'라는 것입니다. 이는 예수님이 세상의 통치자로 다스리심을 강조하면서 몸 안에 든 성도는 같은 마음으로 동참해야 함을 의미하고 있죠.

두 번째는 「성도의 위치는 모퉁잇돌」이라 합니다.

> 그 은혜에 의하여 믿음으로 말미암아 구원을 받았으니 이것은 너희에게서 난 것이 아니요 하나님의 선물이라
> (엡 2:1)

성도의 삶은 예수님을 믿음으로 다시 살아날 수 있습니다. 그리고 "구원은 하나님의 선물로 예수님 안에서 선한 일을 위해 만들어졌다.(엡 2:9)"라고 가르치죠. 그래서 성도는 예수님을 위해 쓰임을 받아야 한다 합니다.
그럼 어떻게 쓰임 받아야 할까요? 바울은 이것을 '모퉁잇돌'에 비유합니다.

> 너희는 사도들과 선지자들의 터 위에 세우심을 입은 자라 그리스도 예수께서 친히 모퉁잇돌이 되셨느니라(엡 2:20)

'모퉁잇돌'은 건물의 하중을 지탱하여 무너지지 않게 하는 돌입니다. 예수님은 그 모퉁잇돌이 되어 "우리를 연결해 주 안에서 성전이 되어가게 하셨다."라며 성령 안에 살아갈 것을 강조합니다. 예수님이 십자가의 죽음을 통해 구원하심으로 그 뜻에 따라 살아가야 한다는 것이죠.

내 집을 성전 되게 하는 것은 '모퉁잇돌'에 있습니다.

예수님이 '모퉁잇돌'이 된 건물은 각자의 삶이 반영된 집으로 지어져 가지만 결국 성전이라 불리게 될 것입니다.

성전은 형태나 모양으로 규정되지 않습니다. 우리 안에 진리가 '모퉁잇돌'이 된다면 진리가 우리를 자유롭게 하는 진정한 능력이 될 것입니다.

수많은 자재로 지어진 건물도 '모퉁잇돌'이 없으면 무너집니다. 성도가 예수님을 떠나 살면 쉽게 무너질 수 있음을 바울이 '모퉁잇돌'로 비유한 것이죠.

세 번째는 「변화된 삶」을 살아가라는 것입니다. 성도의 변화된 삶이란 '새사람'이라는 말로 정의됩니다.

> 오직 너희의 심령이 새롭게 되어 하나님을 따라 의와 진리의 거룩함으로 지으심을 받은 새사람을 입으라
> (엡 4:23~24)

바울은 하나님을 따라 의와 진리로 새사람이 되면, 가장 먼저 찾아오는 것이 마음의 변화라고 전합니다. 예수님이 병든 우리 안에 오시면 아픔과 고민이 시작되는데 이것이 바로 새사람이 겪는 새 생명의 여정이죠. 생명의 길은 심령이 변화되어 찾아오는 고통과 고민으로 시작됩니다. 마음이 변하면 모든 것이 변하기 시작하죠. 변화는 의도하는 것이 아니라 찾아오는 것입니다. 예수님을 통해 새롭게 태어났으니 예전 삶 - 썩어가는 구습을 따르는 옛사람 - 을 버리고 새 삶으로 살아야 하죠. 새사람에 대한 기준은 '하나님을 본받아 사는 생활'로 바울은 선지자의 말을 인용해 설명합니다.

> 너희는 이웃과 더불어 진리를 말하며 너희 성문에서 진실하고 화평한 재판을 베풀고(슥 8:16), 떨며 범죄하지 말지어다 자리에 누워 심중에 말하고 잠잠할지어다(시 4:4).

새사람은 진리와 진실함으로 범죄에서 벗어난 삶을 살아야 합니다. 남을 속였던 거짓된 어두운 과거에 벗어나라는 것이죠. 예수님도 제자에게 비슷한 말씀을 남기셨습니다.
"너희는 세상의 빛이다.(마 5:14)."라고 말이죠. 빛은 어둠을 물리치고 세상에 선한 영향력을 줍니다. 새사람이 된 성도는 빛처럼 더러운 것에서 떨어져 살아야 하죠.

네 번째는 「경건한 가정생활」을 하라 합니다. 아내와 남편이 교회의 몸인 예수님을 대하듯 서로 위하고, 자녀는 부모에게 순종하며 부모는 주의 말씀으로 양육하라 하죠.
때론, 우리가 불안해하는 자녀 앞에서 더 불안해하는 부모일 때가 있습니다. 우울해하는 배우자 앞에서 감정적으로 흔들리는 경우가 있죠.
그런 순간 잔잔한 물과 같이 곁에서 소망의 기도를 나눠주는 사람이 되어 주는 것이 가정생활을 지켜나가는 방법이 될 것입니다. 내가 아닌 것 같은 무력감에서 손을 잡아주고 예수님의 입술로 소망을 전하는 것이죠.

다섯 번째는「마귀와 대적」하라는 것입니다.
이때, 성도는 하나님의 전신 갑주 - 몸을 둘러싼 갑옷과 투구 - 를 입고 마귀와 싸우라 하죠. 마귀와 영적 싸움에 하나님의 권능을 힘입으라는 것입니다. 아래 구절처럼 온몸을 하나님이 주신 것으로 무장하면 마귀와 싸워 이긴다는 것이죠.

> 진리로 너희 허리 띠를 띠고 의의 호심경을 붙이고 평안의 복음이 준비한 것으로 신을 신고 믿음의 방패를 가지고 구원의 투구와 성령의 검을 가지라(엡 6:14~17).

한편, 영적 전쟁은 자신과 싸움입니다. 기도와 말씀으로 무장되어 있지 않으면 마귀는 언제든 정신을 지배할 수 있으니까요. 그래서 시험 삼아 기도하거나 믿음 없이 기도해서는 안 됩니다.
한 예로 바울을 흉내 내려던 유대인 제사장이 시험 삼아 예수님 이름으로 악귀를 쫓아내려 했습니다.
그러자 악귀가 "내가 예수도 알고 바울도 아노니 너희는 누구냐(행19:15)"라며 그들을 덮쳐 도망치게 했죠.
성도의 기도는 주님의 손으로 행하시도록 통로가 되는 것임을 알아야 합니다. 그래서 마음에 말씀을 담아두지 않으면 사탄은 금방 알아채어 우리를 시험에 들게 할 수 있습니다.

〈시편〉 42장 11절에 "네가 어찌하여 낙심하며 내 속에서 불안해 하는가 너는 하나님께 소망을 두라"라는 말이 있습니다. 하나님 안에 동행함으로 마귀와의 싸움도 믿음으로 충분히 이겨낼 수 있다는 것이죠. 동행하며 살아가라 하는 것은 하나님이 출애굽에서 가르쳤던 방향성이기도 합니다.

- 공동체에서 기본을 지키라 -

〈에베소서〉는 우리가 예수님을 알게 되었으므로 그렇게 살아갈 것을 당부하고 있습니다.
예수님이 우리에게 오셔서 우리와 같이 되신 것이 구원이라면, 복음은 우리가 이제 주님을 닮아 자라며 이뤄야 한다는 것이죠.

바울이 말하는 복음의 삶은 예수님처럼 살아가라는 것입니다. 거짓보다 참된 것을 말하며 선한 말로 은혜를 끼치라는 것이죠.
이런 변화가 가능할까 싶지만 우린 감당하고 있습니다.
복음의 삶은 주안에 살아가는 사람에게 주신 은혜입니다. 그렇게 할 때 사탄과의 싸움도 하나님의 전신 갑주를 입어 이겨낼 수 있음을 얘기하고 있습니다.

6_
탁월한 신앙이란

'예수님을 대신할 존재는 없다'

바울의 옥중서신 중 하나인 〈골로새서〉는 예수님의 우월하심과 교회에 침투한 이단에 대해 주로 다루고 있습니다.
총 네 장으로 구성되어 내용이 그리 길지 않으나 '오직 예수'라는 강한 신리를 품고 있죠. 〈골로새서〉의 핵심 내용은 「예수님은 우월하신 분」이라는 것과 「이단에 주의」할 것을 가르치고 있습니다.

내용을 살펴보면,
첫 번째는 「예수님은 모든 것에서 우월하신 분」이라는 것으로 전지전능하심을 말합니다.

> 그는 보이지 아니하는 하나님의 형상이시요 모든 피조물보다 먼저 나신 이시니(골 1:15), 그가 만물보다 먼저 계시고 만물이 그 안에 함께 섰느니라(골 1:17).

위 구절은 하나님이 창조하실 때, 예수님도 함께하셨으며 모든 이보다 먼저 계셨음을 의미합니다. 그리고 예수임을 위해 만들어진 만물은 주님 안에 존재한다는 것이죠.
예수님이 어떤 위치에 있는지 분명하게 하는 말로 천사나 선지자가 아닌 하나님의 아들로 '교회의 머리'가 되신 분이라는 것입니다. 여기서 우리가 알아야 할 것은 하나님의 능력과 소망은 예수님께, 아들의 권세는 영접한 교회의 머리가 되어 교회의 권세로 흘러간 것이죠.
그리고 이제 교회는 그 능력을 갖추게 되므로 온 땅을 향해 나가 하나님의 능력과 소망을 전하게 되죠.
구약은 예수님 안에서 복음이 되었고, 복음은 사도의 발걸음 – 사도행전 – 이 되었습니다. 또한, 그들 안에 있던 능력은 이제 교회의 능력이 되어 세상에 전해집니다. 이것은 우리가 어느 지점을 걷고 있던 모두 복음의 순례자인 것을 말합니다. 그리고 세상을 이길 권세가 내게도 있다는 것을 앎으로 세상이 우리를 통해 하나님을 보게 되는 것입니다.

예수님의 우월하심은 그의 제자가 제사장 앞에서 당당히 그리스도가 주님임을 밝혔던 사건에서도 의미를 찾을 수 있습니다. 〈사도행전〉 4장을 보면 예수님의 구원을 전하던 베드로와 요한을 제사장들이 붙잡아 들입니다. 그리고 "무슨 권세와 이름으로 행하냐(행 4:7)"라며 추궁하죠. 이때 베드로가 "너희가 못 박은 예수 그리스도"라고 대답하자 그의 말과 행하였던 모든 기적 앞에 그들은 입을 열지 못합니다.
'우월하다.'는 것은 다른 것보다 뛰어나다는 것입니다.

베드로의 대답에 율법으로 준비된 제사장도 예수님의 우월함에 압도되고 만 것이죠.

두 번째는 「이단을 주의하라」는 것으로 당시에는 철학과 다신론이 팽배했기 때문입니다. 골로새 교회 역시 다른 지역처럼 많은 우상숭배와 이단이 난무한 상황이었죠.

> 누가 철학과 헛된 속임수로 너희를 사로잡을까 주의하라 이것은 사람의 전통과 세상의 초등학문을 따름이요
> (골 2:8).

위 구절의 '철학과 헛된 속임수'라는 말에서 교회에 철학자와 거짓된 이단 사상이 스며들었음을 예상할 수 있습니다. 철학은 당시 로마제국에 널리 퍼진 학문이었습니다.
〈사도행전〉에도 바울이 아덴에서 복음을 전할 때 철학자를 만났던 기록이 있죠.

> 어떤 에피쿠로스와 스토아 철학자들도 바울과 쟁론할새 어떤 사람은 이르되 이 말쟁이가 무슨 말을 하고자 하느냐 하고 어떤 사람은 이르되 이방 신들을 전하는 사람인가보다 하니(행 17:18).

철학적 사상을 바울이 경고한 이유는 그들이 모든 신을 믿는 다신론을 쉽게 받아들였기 때문입니다. 심지어 황제도 신이라며 숭배하는 등 지금으로서는 믿지 못할 신앙을 가진 것이죠. 그래서 바울은 "한때 쓰이고 없어질 사람의 명령과 가르침을 따르지 말라(골 2:22)"라고 경고합니다.

몇 장 되지 않은 〈골로새서〉에 담긴 내용은 '예수님이 세상 가운데 월등하고 절대적인 존재'임을 말하고 있습니다. 모든 신 중에 왜 예수를 믿는가? 에 대한 질문의 답을 제시한 것이죠. 여기서 알게 된 것은 이성의 끝에 다 다르면 도리어 한계 넘어 겸손에 닿게 된다는 사실입니다.
신앙과 과학은 물과 기름처럼 보이지만 오히려 '창조주'에 대한 믿음이 과학계 종사자들에게 더 일반적이라는 것이 고대 철학 도시의 현상과 유사하다 할 수 있습니다.

- 이단과 사이비(似而非)에 주의하자 -

교회에 이단이나 사이비가 침투하면 성도의 신앙뿐만 아니라 공동체 자체가 무너질 수 있습니다.
그들은 성경을 듣기 좋은 말로 해석해 궁금증이 마치 해결되는 것처럼 유혹합니다. 특히, 오늘날에는 종교를 가장한 집단인 사이비(가짜종교)를 조심해야 합니다.
그들은 예수님을 가장한 교주를 신처럼 생각하고 받듭니다. 마치 현생의 선지자나 예언자가 부활한 것처럼 말이죠.

성도는 〈골로새서〉에서 말하는 예수님이 어떤 존재인지 알고 신앙심을 유지해야 합니다.
성경 말씀이 어렵다고 교회를 벗어나 찾을 수 있는 것은 사탄의 달콤한 유혹밖에 없습니다.
예수님을 바라보는 것은 머리로 이해하는 것이 아니라 마음에 담는 것임을 잊지 말아야 할 것입니다.

7_
예수님을 본받아 사는 삶

'주 안에서 기뻐하라'

바울이 2차 선교여행 때 세운 빌립보 교회에 보낸 옥중 서신이 〈빌립보서〉입니다. 바울은 옥에 갇힌 상황에서 유익에 대해 말합니다. 자신의 상황이 오히려 복음을 전하는 이들의 열정이 더해졌기 때문입니다.
이것은 복음을 전하는 부르심의 길이 큰 기쁨이 되어 의미 있는 오늘을 걷게 하기 때문이죠. 총 네 장으로 짧게 구성된 〈빌립보서〉에는 '겸손과 기쁨'을 권면하고 있습니다.

내용을 살펴보면,
첫 번째는 「겸손한 마음」을 가지라 합니다.
우리가 다스리고 주의해야 할 것은 늘 마음입니다. 우리의 마음은 자칫 선한 일을 함에 있어 관계를 망치는 방향으로 흐르기 쉽기 때문이죠.

> 그리스도 안에 무슨 권면이나 사랑의 무슨 위로나 성령의 무슨 교제나 긍휼이나 자비가 있거든 마음을 같이하여 같은 사랑을 가지고 뜻을 합하며 한마음을 품어(빌 2:1~2).

겸손한 마음이란? 공동체 안에서 희로애락을 함께하라는 것을 말하고 있습니다. 남을 존중하고 낮춤으로 상대를 이해하며 살라는 말로도 해석되죠. 어떤 권면이나 위로할 때 성령 안에서 교제하고 자비를 베풀 때도 그 일이 다툼이나 허영이 되지 않도록 주의하라는 것입니다.

> 교회의 직분에 목메어 사는 사람을 본 적이 있습니다.
> 예배도 잘 지키는 편이고, 기독교 집안에서 자라 성경에도 밝았죠.
> 그런데 자기보다 어린 사람이 안수 집사가 되자 그 사람을 험담하며 교회를 떠났습니다.
> 그에게 교회는 어떤 곳이었을까요?

예수님의 공생애를 살펴보면 남녀노소 · 병든 자 · 직업의 차별 없이 사람을 대하셨습니다.
또한, 인간의 몸으로 사람들과 함께 지내며 자신을 낮춰 우리를 대신해 십자가에 돌아가시기까지 했죠. 그러므로 성도들은 교회 안 - 예수님의 몸 - 에서 겸손을 미덕으로 삼아 자신을 드러내는 것에 항상 주의해야 합니다.

두 번째는 「거짓된 자를 조심」할 것을 말합니다.

개들을 삼가고 행악하는 자들을 삼가고 몸을 상해하는 일을 삼가라(빌 3:2).

위 구절은 거짓된 사람들을 명확히 구별한 경고의 말로 해석할 수 있습니다.

단어를 하나씩 살펴보면 '개'는 성경에서 줄 곳 부정한 동물 - 개는 자기가 토한 것을 먹고(잠 26:11) - 로 인식되어 있죠. 그래서 성도들에게 그와 같은 사람을 만나는 것을 삼가라는 것입니다. 교회로 보면 당시 거짓 교사로 볼 수 있습니다.

'행악한 자'라는 말은 악한 행위를 한 사람입니다.

교회 안에서 그와 같은 일을 벌이는 사람은 지금으로 보면 이단이라 할 수 있죠. 그들은 교리를 어지럽히고 공동체를 분열시키기도 하니까요.

'몸을 상해하는'이라는 말에는 육체적 의미가 담겨 있습니다. 이것은 유대인의 할례가 여기에 해당하죠.

할례는 하나님의 백성임을 구분 짓는 행동이었습니다.

그러나 예수님의 죽음과 부활을 통해 할례와 같은 육체적인 것보다 영적인 할례 - 예수님을 통해 의로워짐 - 가 더 중요하게 되었죠.

내가 가진 의는 율법에서 난 것이 아니요 오직 그리스도를 믿음으로 말미암은 것이니 곧 믿음으로 하나님께로부터 난 의라(빌 3:9).

그러나 당시 율법주의자들은 그것을 이해하지 못한 채 구약의 방식만 고집한 것입니다. 바울은 그런 외적인 것에 집착하는 사람들을 주의하라 경고한 것이죠.

세 번째는 「주 안에서 기뻐하라」는 것입니다.

> 주 안에서 항상 기뻐하라(빌 4:4).

바울이 성도들을 향해 '기뻐하는 삶'을 살아가라는 말에 복음Good news 이라는 단어의 의미를 다시 한번 생각하게 합니다. 복음은 우리 말로 '기쁜 소식'입니다.

살다 보면 인생에 많은 기쁨이 있죠. 수험생이 점수를 잘 받아 좋은 대학에 가는 개인적인 것부터 국가적인 전쟁의 승리까지 다양합니다. 그러나 바울이 말한 기쁨은 말씀을 마음에 담아 주님 안에서 기뻐하고 감사하라는 것이죠.

여기서 동역同役의 원리를 보게 됩니다.

우리는 은혜를 구하는 사람일 뿐 아니라 누군가에게 은혜가 되어줄 사람이라는 것이죠. 하나님은 부름 받은 사람에게 감당할 은혜와 힘을 주십니다. 바울도 핍박 중에서 전한 복음을 통해 수많은 성도과 동역자를 얻고 교회를 세웠습니다.

우리에게도 그처럼 삶의 부름이 있습니다. 언제나 주님의 부름은 기근이 있는 땅일지라도 따라가면 그 광야에서 만날 수 있습니다.

> 모든 일에 기도와 간구로 너희 구할 것을 감사함으로 하나님께 아뢰라(빌 4:6).

위 구절은 기뻐하게 하는 주체가 주님이라는 것입니다.

그렇게 할 때 구하는 것도 구할 수 있다는 것을 성도들에게 깨우쳐 준 것이죠. 〈요한복음〉 15장 11절에 "내가 이것을 너희에게 이름은 내 기쁨이 너희 안에 있어 너희 기쁨을 충만하게 하려 함이라"라는 말이 있습니다.
이 말에는 서로 사랑하라 - 아끼고 베푸는 마음 - 는 계명을 지킴으로 기쁨을 충만하게 한다는 의미를 담고 있죠.
그것이 예수님에게 받을 수 있는 선물이라는 것입니다.

예수님을 마음에 품고 살아가는 것은 신앙인에게 필요한 도덕적 자질입니다. 필요에 따라 마음을 손바닥 뒤집듯 바꾸거나 행동이 일치되지 않으면 그리스도인이라 할 수 없죠.
〈빌립보서〉에는 신앙인으로서 마음가짐을 분명히 말하고 있습니다. 자신을 낮추고 예수님께 기쁨의 영광을 돌리라는 것이죠. 그러나 우리는 물질에 대한 집착과 대인관계라는 미명으로 신앙심을 드러내지 못하는 경우도 종종 있습니다.
사람들 속에서 필요에 따라 대응하는 것입니다.
하지만 어떤 이유라도 이것은 성도로써 잘못된 것임을 성경에서 말하고 있습니다.
"겉사람은 낡아지나, 속사람은 날로 새로워진다."라는 말이 있습니다. 말씀을 마음 깊이 담아두지 못하고 행동할 때, 낡아빠진 겉사람에게는 심판밖에 없습니다.

- 예수님을 만남으로 -

바울의 삶과 신앙이 잘 정돈되어 있음을 여러 편의 서신을 통해 알 수 있습니다.
그는 어떤 상황에서도 같은 말로 대답합니다. "부활하신 예수님을 만났기 때문이라"라고 말이죠.
그 말이 삶의 이유에 대한 설명이며, 그가 수단을 선택한 계기이자 변론하는 말이 되었습니다. 놀랍게도 그 말이 모든 상황에서 가장 설득력 있고 삶을 관통하는 고백이란 것이죠.

우리의 믿음과 삶이 부딪칠 때 신앙과 삶의 방식에 고민하는 경우가 있습니다. 믿으면서도 걱정하고, 의지하면서도 스스로 결정할 때가 있죠.
이럴 때 부활하신 예수님이 약속한 하늘과 땅의 권세가 예수님을 아는 것 그 자체에 있음을 깨달아야 합니다.
그래야 마음속 장애물을 극복하고 힘을 가질 수 있습니다. 바울의 여러 편의 서신을 통한 메시지도 바로 그 복음이 우리의 삶의 이유라고 말하고 있습니다.

초고를 완성하고 우연히 머리카락을 한번 쓸어 올려보았습니다. 염색했던 주변 머리카락이 하얗게 세어있었죠.

나이 들어가는 것을 가린다고 한 처방책의 이면에 뿌리까지 색이 바래 자라고 있던 것입니다. 얕은 염색은 겉에 드러난 것을 숨길 수 있지만 지속하려면 뿌리까지 염색해야 한다고 하죠. 신앙생활도 머리카락을 염색하는 것처럼, 믿음을 마음속 깊이 뿌리 내리도록 해야 합니다.

때론, 신앙심이 흔들리면 도마가 예수님의 옆구리를 찔러 부활을 믿었던 것처럼 짚고 넘어가는 것도 하나의 방법이죠.

그러나 그 방법은 외부에서 찾는 것이 아닙니다. 성경, 목회자를 통해 말씀의 영양제로 회복해야 합니다. 그래야 뿌리를 손상하지 않습니다. 성경에 담긴 말씀에 하나님의 질서가 담겨 있음을 깨달으면서 문득 든 생각은 '사랑'이라는 단어였습니다. 두 글자만으로 예수님의 성품과 인간을 어떻게 바라보시는지 알게 됩니다.

리바이블

RE:BIBLE

하나님의 5가지 질서가 담긴 성경 이야기

박양배 지음

2025년 05월 15일 초판 인쇄

2025년 05월 19일 초판 발행

발행인 박 진 영

발행처 도서출판 진영사

인천광역시 부평구 주부토로 236번지 인천테크노밸리 U1 지식산업 센터 B동 1507호

전화 : 032)505-4207

팩스 : 032)505-4206

E-mail : 0183734207@hanmail.net

신고번호 : 제2007-000001호

ISBN 978-89-6541-705-7 03230

값 15,000원